Kochen mit
MARTIN BAUDREXEL

Kochen mit
MARTIN
BAUDREXEL

Rezeptfotos:
Rainer Schmitz

Umschlagfotos:
Adrian Bela Raba

1. Auflage 2008
© 2008 riva Verlag, München
Alle Rechte vorbehalten.
Das vorliegende Werk einschließlich aller seiner Teile ist urheberrechtlich geschützt. Jede Verwertung außerhalb der engen Grenzen des Urheberrechtsgesetzes ist ohne Zustimmung des Verlags unzulässig und strafbar. Das gilt insbesondere für Vervielfältigungen, Übersetzungen, Mikroverfilmungen und die Einspeicherung und Verarbeitung in elektronischen Systemen.

Umschlagfotos: Adrian Bela Raba
Layout und Umschlaggestaltung:
Sabine Krohberger
Foodstyling: Eveline Schmitz, Jason Montague
Lektorat: Maryna Zimdars
Korrektorat: Barbara Kappelmayr
Satz: satz & repro Grieb, München
Druck: CPI – Ebner & Spiegel, Ulm

Bildnachweis:
Alle Rezeptfotos von Reiner Schmitz,
außer Seite 72
Masmann, Jens: 8, 10
Raba, Adrian Bela: U1, U4, 14, 18/19, 20/21, 22/23, 24/25, 42, 72, 82, 132, 150

ISBN 978-3-936994-94-0

Bibliografische Information der Deutschen Bibliothek: Die Deutsche Bibliothek verzeichnet diese Publikation in der Deutschen Nationalbibliothek; detaillierte bibliografische Daten sind im Internet über http://dnb.ddb.de abrufbar.

Besuchen Sie das rubico in München und lassen Sie sich von Martin Baudrexel verwöhnen:

Klenzestraße 62
80469 München
essen@rubico.de

Für Fragen und Anregungen zum Buch:
baudrexel@rivaverlag.de

Gerne senden wir Ihnen unser Verlagsprogramm:
vp@rivaverlag.de

riva Verlag
ein Imprint der FinanzBuch Verlag GmbH
Nymphenburger Straße 86
80636 München
Tel.: 089 651285-0
Fax: 089 652096
E-Mail: info@rivaverlag.de

www.rivaverlag.de

Für Katze

INHALT

1. VORWORT
SEITE 9

2. DIE BASICS
SEITE 15

→ Was man zum Kochen braucht **SEITE 16**
→ Lebensmittel mit Qualität **SEITE 26**
→ Für den guten Geschmack **SEITE 28**   → Grundrezepte **SEITE 30**

3. SUPPEN & VORSPEISEN
SEITE 43

→ Suppen **SEITE 44**   → Vorspeisen **SEITE 56**

4. HAUPTGERICHTE
SEITE 83

→ Fleisch **SEITE 84**   → Fisch **SEITE 108**
→ Vegetarische Gerichte **SEITE 124**

5. SNACKS
SEITE 133

6. DESSERTS
SEITE 151

→ Dank **SEITE 170**   → Rezepteregister **SEITE 171**   → Sachregister **SEITE 174**

1. VORWORT

Mit diesem Buch lade ich Sie ein, zu Hause einmal mit Hingabe und in aller Ruhe für sich oder andere zu kochen. Ich möchte all denen, die sich nicht als »Hobbyköche« verstehen, Gelegenheit geben, einmal zu erleben, wie es sich anfühlt, wenn es anderen gut schmeckt. Denn nur darum geht es beim Kochen – zu Hause wie im Restaurant.

Vorwort

WARUM ICH KOCH GEWORDEN BIN

Ich ließ mich als Spüler anbrüllen und verfluchen – trotzdem fühlte ich mich in der Küche wohl. Ich merkte schnell, dass die Jungs es gar nicht persönlich meinten. Da ich meine Arbeit gut und schnell erledigte, wurde mir bald die Ehre zuteil, mit Lebensmitteln zu arbeiten. Ich durfte Kartoffeln und Zwiebeln schälen und schließlich einen Salat anrichten.

Irgendwann verschlug es mich nach Kanada; ich wollte immer noch Berufsmusiker werden, aber ich musste auch meinen Lebensunterhalt verdienen. Deshalb fing ich als Küchenhelfer im »Chandelier« in Montréal an, stieg schnell zum Garde-Manager auf und später zum Commis im Abendgeschäft. Nach einem Jahr schickte mich der Küchenchef drei Jahre lang auf die Staatliche Hotelfachschule für Köche, das »St. Pius Culinary Institute«. Nebenher arbeitete ich weiter im Restaurant. Nach dem Abschluss und der Teilnahme an Verbands- und Schulwettbewerben hatte ich im Hotel »Intercontinental« meinen ersten Job als ausgebildeter Jungkoch.

Dann kamen das »toqué!« und dessen Chef Normand Laprise. Eine neue Welt tat sich auf! Nun hatte ich, was ich wollte: Produkte der allerersten Güte und Kollegen, die genauso verbissen waren wie ich. Ich lernte neue Produkte und Methoden kennen, von denen ich nicht mal geträumt hatte. Kanada bietet eine unglaubliche Vielfalt an Produkten – feinster Fisch und biologische Produkte aus der regionalen Landwirtschaft. Längst vergessene und höchst seltene Gemüsesorten ließ sich der Chef züchten. Alles war vom Feinsten. Ich fühlte mich geehrt, in diesem Restaurant arbeiten zu dürfen. Ich bin Normand Laprise und seiner Sous-Chefin Alexandra für immer dankbar, dass sie die Geduld aufbrachten, mir all das zu zeigen, was man in der Ausbildung nicht vermittelt bekommt. Über ein paar Umwege verschlug es mich dann nach Vancouver. Im »Cin-Cin« als Chef de Partie und später als Sous-Chef im »araxi« in Whistler durfte ich mich weiter entfalten. Schließlich ging es zurück in die Heimat, mit dem Ziel, was Eigenes aufzubauen.

»Angefangen hat meine Begeisterung für den Beruf schon früh. Ich erkannte – Köche regeln die Welt, der Beruf bietet alles, Teamarbeit und Anarchie.«

SO KOCHE ICH HEUTE

Liebe ist der beste Koch, so sagt man. Stimmt! Bei der Arbeit bin ich selten schlecht gelaunt, weil ich meinen Job liebe. Doch bei aller Liebe kann ich mich nicht für einen speziellen Kochstil entscheiden. Das Angebot an Möglichkeiten ist einfach viel zu groß. Ich bin offen für alle Arten des Kochens. Immer wieder entdecke ich, wie mich eine Kochrichtung für die nächste inspiriert. Die italienische Küche mag ich am liebsten. Sie ändert sich nicht ständig und basiert auf guten Produkten ohne viel Schnick und Schnack.

Die Grundlagen, die ich auf den verschiedenen Stationen meiner Lehrjahre vermittelt bekam, sind wichtiger Bestandteil meines Kochstils im »rubico«. Noch immer liebe ich die spontane und internationale Küche sowie das Improvisieren. Ein gutes Produkt muss nicht allzu sehr verfremdet werden. Ich versuche, es zu ergänzen und nicht zu verwandeln. Daher gehört es zu meiner Philosophie, dass ich ganz bewusst Produkte auswähle, die es nicht in jedem Supermarkt gibt. Stattdessen möchte ich Sie dazu anspornen, einmal in einen Bioladen, einen Asia-Laden oder auch in ein arabisches Lebensmittelgeschäft zu gehen und sich mit dem Produktangebot vertraut zu machen. Außerdem gebe ich Ihnen Anregungen, wie Sie aus diesen hochwertigen Produkten zu Hause etwas Schönes zu essen machen können.

Beim Kochen gibt es für mich zwei Herausforderungen. Die eine ist, Bekanntes und Altbewährtes nach allen Regeln des Handwerks zu perfektionieren und die andere ist, etwas Neues zu erfinden oder Bekanntes neu zu interpretieren. Essen neu zu erfinden wird jedoch immer schwerer. Trends kommen und gehen, da darf man sich nicht verwirren lassen. Ich stelle fest, je schlechter die wirtschaftliche Lage ist, desto mehr verlangen meine Gäste nach bekannten Gerichten. Boomt die Wirtschaft, steigt die Nachfrage nach etwas Ausgefallenem.

»Die Grundlagen, die ich während meiner Lehrjahre vermittelt bekam, sind heute noch Bestandteil meines Kochstils.«

Kulturübergreifendes Kochen finde ich nach wie vor gut, allerdings in Maßen. Als Vorspeise darf es gerne Sushi und im Hauptgang Ente mit Knödel sein. Ente mit Wasabisauce oder Tuna mit Knödel kommt für mich aber nicht infrage. Der Erhalt des Eigengeschmacks eines Produktes ist mir ausgesprochen wichtig. Schade, wenn ein Fischfilet allererster Güte in eine Kruste mit allerlei Aromen gepackt wird. Ich bereite es natürlich mit Salz, Pfeffer, einer Prise Zucker und etwas Säure zu.
Die Aromen lass ich dann in den Beilagen hervortreten. Beim Kochen ist eigentlich alles erlaubt – nur schmecken muss es halt. Gewisse Regeln einzuhalten ist mir ebenfalls sehr wichtig. Gambas ohne einen Hauch Knoblauch schmecken mir einfach nicht. Spinat braucht etwas Muskat. Und Tafelspitz kommt bei mir nicht ohne Meerrettich auf den Teller. Bei der Kombination von Gewürzen und Kräutern setze ich mir Grenzen, so verwende ich Rosmarin und Thymian lieber nicht zusammen.

Kochen hat nicht immer mit Kunst zu tun, obwohl das oft behauptet wird, sondern vielmehr mit Hingabe und Organisation. Die wichtigste Zutat beim Kochen ist »etwas Zeit«. Deshalb verzichte ich ganz bewusst auf die Angabe von Zubereitungszeiten. Zeitdruck gehört ins Restaurant und nicht an den heimischen Herd. Beispiel Fischgerichte: Fisch ist schon lange meine große Liebe, außerdem habe ich damit die meisten Erfahrungen gesammelt. Doch zum Zubereiten eines guten Fischgerichtes braucht man viel Zeit. Das spiegelt sich auch teilweise in meinen Rezepten wider. Zum Nachkochen des einen oder anderen Rezeptes sollten Sie daher schon ein gewisses Maß an Zeit und Hingabe investieren.

Ich wünsche Ihnen viel Spaß beim Kochen – und besten Appetit!

2. BASICS

→ Was man zum Kochen braucht **SEITE 16**

→ Lebensmittel mit Qualität **SEITE 26**

→ Für den guten Geschmack **SEITE 28**

→ Grundrezepte **SEITE 30**

Außer etwas Zeit, viel Liebe, großer Hingabe und einem Gast braucht man zum Kochen natürlich auch das passende Equipment. In keinem anderen Handwerksbereich gibt es so viele »neueste Erfindungen« wie beim Kochen. Wer mit Leidenschaft kocht, sollte bei der Anschaffung von Töpfen und Pfannen nicht sparen und sich einmal im Leben gut ausstatten.

Was man zum Kochen braucht

»Eine große Herausforderung beim Kochen ist, die einfachen Dinge lecker zu machen. Dafür liebe ich die italienische Küche.«

Ich möchte Ihnen auf den folgenden Seiten vorstellen, was Sie brauchen, um als Koch zu Hause Erfolg zu haben. Ein Herd mit mindestens zwei Platten und einem Backofen ist heutzutage Standard. Nur: Der Backofen wird nicht immer optimal genutzt. Wenn Sie für die Zubereitung eines Gerichts vier Herdplatten brauchen, aber nur zwei haben, dann nutzen Sie einfach den Backofen. Gemüse lässt sich in einer feuerfesten Form mit etwas Brühe dünsten oder auf einem Backblech mit Olivenöl, Kräutern und Meersalz rösten. Puristen sagen, dass Fleisch und Fisch im Ofen austrocknen – stimmt, vor allem, wenn Umluft zugeschaltet wird. Zu Hause können Sie den Ofen aber ruhig zum Warmhalten von Fleisch nutzen, 70 °C reichen aus. Ein weiterer, empfehlenswerter Begleiter ist der »Toast-R-Oven«, ein kleiner Grill für den Privathaushalt. Neuerdings gibt es ein Modell, das vorne offen ist, wie im Restaurant. Schöne Krusten und gratinierte Desserts lassen sich darin herstellen.

FRISCHE PRODUKTE KÜHLEN

Auch beim Füllen des Kühlschranks gibt es einiges zu beachten. Im Kühlschrank versammeln sich die verschiedensten Produkte mit den unterschiedlichsten Aromen und Gerüchen. Damit sich diese nicht vermischen, sollten Sie alles mit Frischhaltefolie gut abdecken. Das gilt besonders für Milchprodukte und Butter. Da Fett ein Geschmacksträger ist, nimmt Butter leicht den Geschmack von anderen umliegenden Lebensmitteln an. Frisches Fleisch, Fleischwaren und Fisch gehören an den kältesten Ort im Kühlschrank; der ist aber bei den meisten Kühlschränken vom Gemüsefach besetzt, bleibt also nur der Platz direkt über der Glasplatte. Obst wie Beeren und Gemüse gehören mit Ausnahme kälteempfindlicher Arten in die Fächer unter der Glasplatte. Südfrüchte wie Ananas und Bananen sowie einige Exoten gehören dagegen nicht in den Kühlschrank. Die meisten Obstsorten

 Tipp *Gutes Kochen geht schon beim Einkauf los. Je besser die Zutaten, desto besser das Kochergebnis. Je nach Budget muss man aber manchmal einen Kompromiss finden. Gutes Essen muss nicht teuer sein.*

verströmen das Gas Ethylen, in geringer Konzentration treibt es den Reifeprozess, aber auch den Verderb von Obst und Gemüse voran. Das können Sie nutzen, indem Sie beispielsweise eine harte Avocado oder eine unreife Papaya zwischen ein paar Bananen oder Äpfeln zum Nachreifen verstauen.

GUTE AUSRÜSTUNG

Mit einem praktischen Equipment macht die Kocherei noch mehr Spaß. Investieren Sie gleich zu Anfang in gute Pfannen und Töpfe, anstatt sich jedes Jahr etwas Neues zu kaufen. Hochwertige Töpfe und Pfannen halten bei guter Behandlung ein Leben lang. Die Industrie hat zwar ständig neue Ideen, aber eigentlich haben sich die wichtigsten Küchenutensilien nicht gravierend verändert. Statt sich die neuesten und teuersten japanischen Messer zu kaufen, sollten Sie sich lieber eine kleine und feine Ausrüstung zulegen. Beim Kauf von Messern übertreiben viele Hobbyköche. Für einen passablen Preis bekommen Sie ein gutes Kochmesser, das sogenannte »Chefs Messer«, mit dem Sie fast alles machen können. Insgesamt brauchen Sie höchstens fünf Messer. Nicht fehlen darf das Brotmesser. Klar, damit schneidet man Brot, aber auch Tomaten. Das schont das Lieblingsmesser, denn Tomaten machen Messer stumpf. Außerdem ist das Brotmesser ideal für grobe Arbeiten wie Sellerie schälen oder Artischocken parieren. Ihre Messer sollten Sie lieben, egal, wie teuer sie waren. Wer nicht selber schleifen will, sollte sie vom Fachmann schärfen lassen. Messer selbst über den Stein zu ziehen macht Spaß, erfordert aber viel Zeit. Es gibt dafür Bücher und Anleitungen und auf www.Kochmesser.de können Sie sich eine sehr amüsante und lehrreiche DVD von meinen Kumpels Fred Novak und Christian Romanowski bestellen.

 Tipp *Raus mit der Knoblauchpresse oder der Spaghettizange, rein mit den essenziellen Dingen. Die Knoblauchpresse ist überflüssig, sie quetscht nur die ätherischen Öle heraus, die leicht verbrennen.*

ORGANISATION UND PLANUNG

Neben einer praktischen Ausrüstung und schönen Produkten gehört natürlich auch eine gute Organisation zum Kochen. Wenn feststeht, was Sie kochen möchten, legen Sie sich einen Plan zurecht. Überlegen Sie, wann was gemacht werden muss. Die meisten Handgriffe lassen sich vorab erledigen. Beginnen Sie mit den Arbeiten, die mit dem größten Aufwand verbunden sind. Dazu gehören Fleisch und Fisch, die portioniert werden müssen. Danach kümmern Sie sich um das Dessert. Anschließend stellen Sie alles bereit, was Sie sonst noch benötigen. Wenn Sie für viele Leute kochen, organisieren Sie sich so, dass Sie möglichst viel Zeit mit Ihren Gästen verbringen können. Nur in der Küche stehen und die Gäste sich selbst überlassen, macht keinen Spaß.

Die Grundausstattung

1. KÜCHENMESSER
Am besten gleich ein großes kaufen. Es braucht nicht teuer sein, muss aber gut in der Hand liegen. Messer müssen scharf sein, auch weil die Verletzungsgefahr geringer ist als mit stumpfen.

2. FILETIERMESSER
Wird auch »Ausbeiner« genannt und hat eine abgerundete Spitze. Es ist ideal zum Parieren von Fleisch, das heißt zum Entfernen von Fett, Sehen und Haut. Auch dünne Scheiben von rohem Fleisch und Fisch lassen sich damit abschneiden.

3. GEMÜSEMESSER
Es gehört unbedingt zur Grundausstattung. Es ist das kleinste Messer und heißt auch »Officemesser«. Es ist praktisch zum Schälen von Zwiebeln oder Knoblauch oder zum Putzen von Bohnen.

4. FISCHPALETTE
Sie hilft beim Wenden von Bratgut. Sie sollte aus Kunststoff oder Holz sein.

5. SCHNEEBESEN
Zwei sind optimal: Einen kleinen, feindrahtigen, um möglichst viel Luft in eine Masse einzuarbeiten, einen größeren zum Durchrühren von Suppen.

6. TEIGSCHABER
Am besten einen aus Gummi. Er sorgt dafür, dass nicht zu viel von Creme oder Teig in der Schüssel bleibt.

7. SCHÖPFKELLEN
Praktisch sind mehrere Kellen in verschiedenen Größen, vor allem eine kleine für Saucen.

8. HOLZKOCHLÖFFEL
Am besten gleich zwei davon anschaffen – einen für Süßes, einen für alles andere.

9. SPARSCHÄLER
Gibt es in vielen Varianten; meiner Meinung nach sind die einfachsten die besten. Wichtig ist: Der Schäler darf nicht zu viel abschälen. Extra Spargelschäler sind überflüssig.

Die Grundausstattung

1. PFANNEN
Für die Zubereitung von Fisch, Fleisch und Gemüse. Für Fisch ist eine beschichtete Pfanne ideal. Für Fleisch ist eine unbeschichtete Pfanne besser, damit die Röststoffe in der Pfanne bleiben, die für eine gute Sauce mit Wein abglasiert werden.

2. TÖPFE
Mehrere Töpfe in verschiedenen Größen lohnen sich: Ein weiter und flacher Topf zum Schmoren und für Risotto, ein hoher für Nudeln, ein kleiner Saucentopf mit Stiel und ein Allroundtopf mit einem Fassungsvermögen von fünf Litern für Suppen und Kartoffeln.

3. VERSCHIEDENE SIEBE
Wer viel kocht, sollte ein feines Spitzsieb oder Rundsieb zum Passieren von Saucen oder zum

Durchstreichen einer Farce oder Püree haben. Und natürlich ein Universalsieb, am besten aus Edelstahl, zum Abgießen von Nudeln und anderen Lebensmitteln.

4. INOX-SCHÜSSELN
Das sind Universalschüsseln aus rostfreiem Edelstahl. Sie sind in verschiedenen Größen im Fachhandel und in gut sortierten Haushaltsgeschäften erhältlich. Sie sind prima zum Mixen oder Marinieren, eigentlich für alles verwendbar. Sie sind lebensmittelecht und geben einem ein professionelles Gefühl beim Kochen.

5. BACKBLECHE
Sie sind vielseitig verwendbar, deshalb auch gleich mehrere davon anschaffen. Mindestens jedoch zwei – eines für Desserts, eines für Herzhaftes. Sie sind auch als Ablagemöglichkeit hilfreich.

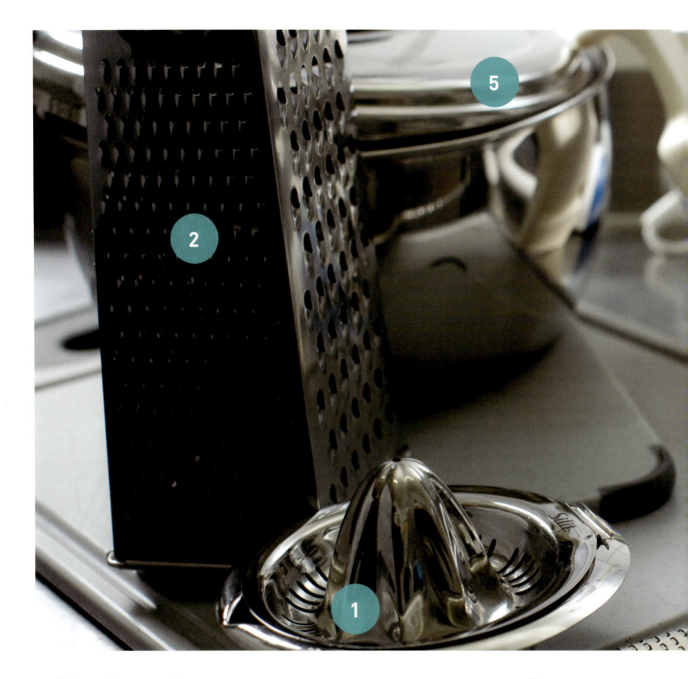

Die Grundausstattung

1. ZITRUSPRESSE
Dieser Küchenhelfer gehört in jeden Haushalt – zum Auspressen von Zitronen, Limetten oder Orangen. Mit frisch gepresstem Saft schmecken Dressings, Marinaden, Desserts einfach viel besser.

2. KASTENREIBE ODER FEINE UNIVERSALREIBE
Sie ist unverzichtbar zum Abreiben von Muskatnuss, frischem Ingwer und der Schale von ungespritzten Zitrusfrüchten.

3. GEMÜSEHOBEL
Auch V-Hobel oder im Fachjargon Mandouline genannt. Er spart Zeit und ist perfekt zum Hobeln von Gemüsestreifen und -scheiben, wenn man mit dem Messer nicht so geübt ist.

4. PÜRIERSTAB
Er gehört mit einer Mindestleistung von 300 Watt ebenfalls zur

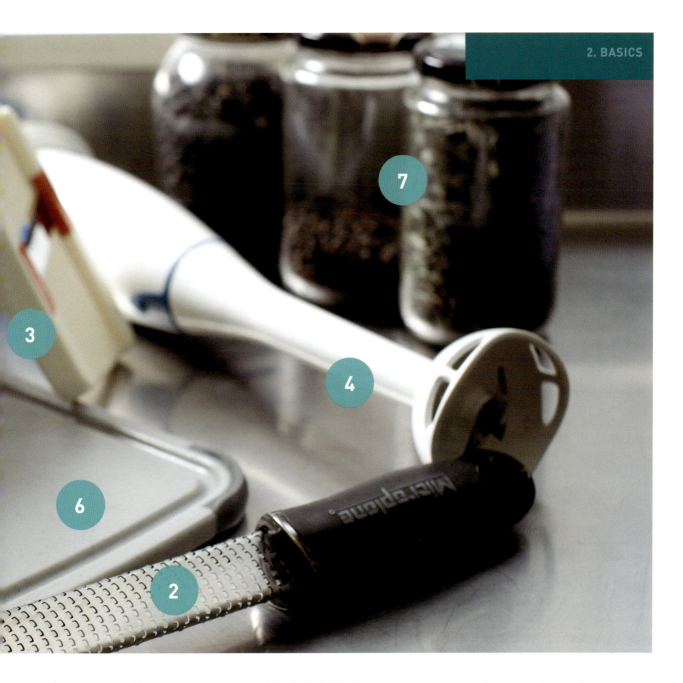

Grundausstattung. Damit lassen sich Suppen, Cremes, Dips und Saucen schnell fein pürieren.

5. SALATSCHLEUDER
Sie ist ganz wichtig, um eine Wasserschicht zwischen Salatblättern und Vinaigrettes beziehungsweise Dressings zu vermeiden.

6. SCHNEIDBRETTER
Profis haben extra Bretter für Fleisch, Fisch, Gemüse und Geflügel. Auf jeden Fall sollte man immer ein Brett für Obst reservieren, sonst schmeckt der Apfel eventuell nach Zwiebeln. Schneidebretter gehören nicht in die Spülmaschine. Das Reinigen mit einem Metallschwamm reicht. Anschließend das Brett mit Zitronensaft abreiben, damit unangenehme Gerüche aus dem Brett verschwinden.

7. SCHRAUBGLÄSER MIT DECKEL
Praktisch zum Aufheben und Konservieren. Sie sind besser als Behälter aus Kunststoff, weil sie geschmacksneutral bleiben.

Zusätzliche Geräte

Diese Küchenhelfer sind sehr praktisch, aber entbehrlich. Sie gehören nicht unbedingt zur Grundausstattung.

1. MÖRSER
Ein Mörser aus Stein, mit Gummifüßen und passendem Stößel ausgestattet, ist perfekt. Sein Vorteil: Man kann kräftig mörsern, ohne dass er verrutscht oder die Arbeitsfläche verkratzt. Er ist super zur Herstellung eigener Gewürzmischungen und zum Experimentieren.

2. KOCHZANGE
Sie sollte vorne aus Kunststoff sein, damit beschichtete Pfannen beim Entnehmen der Speisen nicht beschädigt werden. Sie ist sehr praktisch zum Anrichten von Gemüse und Fleisch.

3. HACKEBEIL
Nach dem Ausbeinen von Fleisch und Geflügel oder

Filetieren von Fisch fallen Knochen oder Karkassen an. Diese lassen sich dann damit für die Zubereitung von Brühen oder Saucen leicht zerkleinern.

4. FISCHGRÄTENZANGE
Wer selber Fisch filetiert, muss anschließend Gräten entfernen. Auch manche gekaufte Fischfilets, vor allem Lachsfilet, enthalten oft Gräten. Das Rausziehen klappt mit dieser feinen Spezialzange ganz leicht.

5. FLOTTE LOTTE
Gut zum Passieren von Suppen und Saucen. Sie bietet die beste Möglichkeit zum Pürieren und Durchseihen, weil sie schonend ist und nicht alles zerfetzt, zum Beispiel Kerne von Tomaten.

6. PASSIERTÜCHER
Damit kann man ein Sieb oder einen Durchschlag auslegen, damit Brühen noch feiner werden. Außerdem sind sie sehr gut für Zutaten geeignet, die wie Quark in einem Tuch abtropfen sollen oder ausgedrückt werden müssen. Passiertücher sind lebensmittelecht, Geschirrtücher sind es nicht.

Lebensmittel mit Qualität

»Das saisonale Lebensmittelangebot, vor allem bei frischem Obst und Gemüse, ist für mich die größte Inspiration zum Kochen.«

Die allerwichtigste Regel für erfolgreiches Kochen zu Hause ist, sich an die Jahreszeiten zu halten. Gute Preise und die beste Qualität erhält man immer dann, wenn das gewünschte Produkt gerade Saison hat. Lebensmittel, die mitten im Winter einmal um die Welt geschippert werden, sind meist nicht mehr frisch und auch ziemlich teuer. Denn Produzent und Vertreiber holen sich die anfallenden hohen Transport- und Einfuhrkosten beim Endverbraucher wieder. Kaufen Sie möglichst regionale Produkte – nicht aus Lokalpatriotismus, sondern um Geld zu sparen und um die Umwelt zu schonen, denn das Vermeiden langer Transportwege ist aktiver Umweltschutz. Und wenn tatsächlich ein Gemüse, das von weit her kommt, preiswerter ist als das gleiche heimische Produkt, dann ist klar, unter welchen Umständen es produziert wurde: wahrscheinlich mit viel Chemie oder unter unwürdigen Bedingungen.

Die Grundprodukte an sich, vor allem Obst und Gemüse, deren Angebot sich je nach Jahreszeit stetig verändert, sollten immer die größte Inspiration zum Kochen sein. Noch ein Argument, das für saisonale Produkte spricht: Ich behaupte, dass der Mensch mit einer »inneren Geschmacksuhr« ausgestattet ist, diese tickt synchron zu den Jahreszeiten. Das heißt also, unsere sinnlichen Bedürfnisse richten sich nach dem saisonalen Angebot der Natur. Ich will beispielsweise keine Entenbrust im Hochsommer und keinen Tomatensalat im Winter essen.

An einer vollwertigen und gesunden Ernährung zu sparen, ist der falsche Weg. Das

INFO

Saisonales Kochen ist logisches Kochen. Jedes Produkt hat zu seiner Zeit den besten Preis und Geschmack. Beide Aspekte sind im Privathaushalt genauso wichtig wie im Restaurant.

2. BASICS

Geldsparen sollte beim Einkauf von hochwertigen Lebensmitteln nicht im Vordergrund stehen, schließlich gibt es für den Erhalt der Gesundheit und für die Steigerung der Leistungsfähigkeit des Menschen nichts Wichtigeres, als etwas Gutes zu essen. Die Basis dafür sind vollwertige Produkte. Das heißt natürlich nicht, dass man bei Sonderangeboten nicht zugreifen sollte. Ich will damit nur sagen, dass Sie das Angebot der Nahrungsmittelindustrie kritisch unter die Lupe nehmen sollten, bevor Sie eine Kaufentscheidung treffen. Manchmal tut man gut daran, weniger Wurst zu kaufen, dafür aber eine etwas teurere Sorte, denn Qualität hat ihren Preis. Wer immer weniger bezahlen möchte, ist an sogenannten »Fleischskandalen« in gewisser Weise mitbeteiligt. Denken Sie bei der Auswahl der Produkte immer daran, dass das Kochen für einen anderen Menschen eine intime Angelegenheit und eine große Ehre ist, und damit eben auch mit Verantwortung verbunden ist.

Zum Glück hat der Biotrend inzwischen auch die größten Supermärkte erreicht, und allmählich werden auch Bioprodukte erschwinglich. Es muss nicht immer »Bio« sein – außer bei Eiern. Doch irgendwie hat man beim Essen ein besseres Gefühl, wenn die Herkunft des Produkts bekannt ist, das man verarbeitet hat. Die Zeiten, als man alles ohne Bedenken kaufen konnte, sind leider vorbei. Achten Sie besonders beim Einkauf von Fisch und Fleisch auf deren Herkunft. Sprechen Sie mit Ihrem Metzger und fragen Sie ihn, woher seine Ware stammt. Er freut sich, wenn Sie sich für seine Arbeit interessieren. Bester Service und Vertrauen sind dann garantiert. Verzichten Sie auf Fleisch unter Folie oder gar vormariniertes Fleisch – das ist meistens voll mit künstlichem Glutamat. Meiden Sie Billigangebote aus der Massentierhaltung. Auch bei Fisch gibt es inzwischen Möglichkeiten, den Wildbestand zu schonen. Greifen Sie auch hier nicht zu Ware aus Massenzüchtung. Wählen Sie lieber einen Fisch aus biologischer Züchtung. Diese werden ohne künstliche Proteine im Futter herangezogen. Und das Wichtigste dabei ist, die umliegenden Wildgewässer werden mit dem Abbau der Ausscheidungen der Zuchtfische nicht überlastet. Das heißt, die Anzahl der Fische in den Gehegen wurde drastisch reduziert.

»An einer gesunden Ernährung sollte man nicht sparen. Eine gute Basis dafür sind vollwertige Produkte aus der Region in Bioqualität.«

Für den guten Geschmack

»Die Geschmacksrichtungen süß, sauer, salzig und scharf, Farben und Garmethoden stimme ich beim Kochen aufeinander ab.«

Über Geschmack lässt sich bekanntlich streiten – über das Abschmecken allerdings nicht. Jeder hat aber seine persönlichen Vorlieben: Der eine mag es scharf, der andere bevorzugt milde Gerichte. Bei einem Punkt sind sich alle einig: Wenn ein Gericht als fad empfunden wird, bleibt der Genuss auf der Strecke. Doch bei aller Experimentierfreude sollten Sie immer daran denken, dass es allen schmecken muss.

Grundsätzlich sollte man beim Kochen die vier Hauptgeschmacksrichtungen berücksichtigen: süß, sauer, salzig und scharf. Der Gegenspieler zu salzig ist sauer, der zu scharf oder bitter ist süß. Das beste Beispiel dafür ist für mich die asiatische Küche: Dort werden Chili, Limette, Honig und Fischsauce gleichzeitig verwendet – und es schmeckt! Diese beabsichtigten Gegensätze lassen sich auch bestens in der europäischen Küche einsetzen: Süße bieten so unterschiedliche Lebensmittel wie Erdbeeren, rote Paprikaschoten, Rote Bete, verschiedene Krusten- und Schalentiere, gerösteter Kürbis oder frische Erbsen. Kapern, Sardellen oder Parmesan geben dem Gericht eine salzige Note. Eine leichte Schärfe bekommt man durch pfefferige Produkte wie Olivenöl oder Rucola, Meerrettich oder Ingwer. Und wer es lieber sauer mag, verwendet Zitronenschale, Essig, Wein oder säuerliches Obst wie etwa Äpfel. Zu fettreichem Fleisch wie Entenbrust oder Meeresfrüchten wie Jakobsmuscheln und Gambas muss immer etwas Säure und Würze in die Sauce, dadurch schmeckt das Gericht erst harmonisch. Doch nicht nur der Geschmack sollte in einem Gericht ausgewogen sein, auch die Farben, Zutaten und Garmethoden sollten sich in einem Menü

 Tipp *Spielen Sie ruhig mit den Aromen der Gewürze, gehen Sie aber dabei so sparsam wie möglich damit um, sodass der Eigengeschmack der Produkte erhalten bleibt.*

nicht wiederholen. Denken Sie bei der Zusammenstellung eines Menüs auch an die Textur. Es ist schön, wenn es auf einem Teller auch etwas Knuspriges oder Schaumiges gibt. Und: Ist der Hauptgang schwer, sollte die Vorspeise leicht sein.

Ich möchte Sie dazu ermutigen, mit Aromen zu experimentieren. Stellen Sie sich nach Ihren Vorlieben eigene Gewürzmischungen zusammen und füllen Sie damit Ihre Gewürzmühlen. Heutzutage muss man Lebensmittel nicht mehr würzen, um sie haltbar zu machen, sondern man würzt um des Genusses willen.

Der Wechsel der Jahreszeiten inspiriert mich beim Würzen, dabei achte ich auf meine innere »Geschmacksuhr« und verwende nur, was die Natur zur jeweiligen Saison zu bieten hat. Eine sehr einfache und effektive Methode, um die Aromenvielfalt beim Kochen zu erhalten, ist das Mitbraten von Gewürzen und Kräutern. Ich gebe beim Braten von Fisch oder Fleisch auf halbem Weg nach dem Wenden ein Gewürz oder ein paar Kräuterstängel in die Pfanne. Die ätherischen Öle der Kräuter gehen in die Speisen über und unterstreichen ihren Eigengeschmack. Dabei achte ich natürlich darauf, dass die Gewürze nicht anbrennen – sonst schmeckt es schnell bitter. Bestes Beispiel dafür ist Knoblauch, der bei mir angestoßen in die Pfanne kommt. Das ist für mich ein Muss bei Blattgemüse oder Gambas – aber etwas zu lange geröstet, und der Geschmack ist dahin. Weitere Beispiele für mehr Aroma: Ich gebe zum Beispiel ½ Zimtstange zu Hirschmedaillons oder Steaks, 2 Schnitze von einer Bio- oder Salzzitrone zum Fisch, Chilischote und angestoßene Knoblauchzehen zu Meeresfrüchten, einen kleinen Rosmarinzweig oder Thymianstängel zum Fleisch, etwas Vanilleschote zu Jakobsmuscheln, ein Stück frischen Ingwer und/oder Zitronengras zum Wokgemüse oder eine angestoßene Knoblauchzehe an den Spinat.

 Tipp *Um den Geschmack zu verbessern, die Knoblauchzehe schälen und einfach mit dem Messerrücken so andrücken, dass sie zwar aufplatzt, aber nicht zerfällt.*

»Auch beim Würzen inspiriert mich das saisonale Angebot. So kommen im Frühling ein paar Kräuterstängel mit in die Pfanne.«

→ Grundrezepte

1. Brühen

Gemüsebrühe → *gelingt leicht*

1 Den Knollensellerie waschen, schälen und in grobe Stücke schneiden. Die Zwiebeln schälen und vierteln. Den Lauch putzen, der Länge nach halbieren und gründlich waschen, die Hälften in grobe Stücke schneiden. Den Staudensellerie waschen, putzen und in grobe Stücke schneiden. Die Petersilienwurzeln schälen und ebenfalls in grobe Stücke schneiden.

2 Das Gemüse in einen Topf geben, mit Meersalz und Zucker gut mischen, etwa 2 l kaltes Wasser dazugießen und aufkochen lassen. Die Brühe offen bei geringer Hitze 20 Min. köcheln lassen.

3 Zitronenhälfte, Lorbeerblätter, Pfeffer-, Piment- und Senfkörner und Petersilie hinzufügen und weitere 20 Min. köcheln lassen. Die Brühe durch ein feines Sieb gießen, dabei die Brühe auffangen und ohne Deckel abkühlen lassen. Das Gemüse wegwerfen.

FÜR 2 L BRÜHE

150 g Knollensellerie
2 große Zwiebeln *(ca. 200 g)*
2 Stangen Lauch *(ca. 150 g)*
150 g Staudensellerie
150 g Petersilienwurzeln
½ EL feines Meersalz
1 TL Zucker
½ ungespritzte Zitrone *(oder Salzzitrone, Rezept Seite 36)*
2 Lorbeerblätter
5 schwarze Pfefferkörner
2 Pimentkörner
½ TL Senfkörner
4 Stängel glatte Petersilie *(oder Kerbel)*

 Tipp *Die Gemüsebrühe hält sich abgedeckt im Kühlschrank vier Tage. Wer sie nicht gleich verbraucht, kann sie portionsweise einfrieren. Die Brühe eignet sich sehr gut als Grundlage für Gemüsesuppen, vegetarische Saucen und Nudelgerichte*

2. BASICS
→ Grundrezepte

Hühnerbouillon → *gelingt leicht*

1 Karkassen (Hühnerknochen) oder Suppenhühner kalt waschen und in einen großen Topf geben, etwa 2 l kaltes Wasser dazugeben und aufkochen lassen. Die Brühe bei geringer Hitze 1 Std. köcheln lassen. Dabei den Schaum immer wieder mit dem Schaumlöffel von der Oberfläche abnehmen.

2 Inzwischen die Zwiebeln schälen und vierteln. Den Knollensellerie waschen, schälen und in grobe Stücke schneiden. Den Staudensellerie waschen, putzen und in grobe Stücke schneiden. Den Lauch putzen, der Länge nach halbieren und gründlich waschen, die Hälften in grobe Stücke schneiden.

3 Das Gemüse zur Brühe geben und 1 Std. mitgaren. Lorbeerblätter und Pfefferkörner hinzufügen und die Brühe 1 weitere Std. köcheln lassen. Die Brühe mit Meersalz abschmecken.

FÜR 2 L BRÜHE

3 kg Hühnerkarkassen oder 2 Suppenhühner

2 große Zwiebeln *(ca. 200 g)*

1 mittelgroßer Knollensellerie *(ca. 200 g)*

150 g Staudensellerie

2 Stangen Lauch *(ca. 150 g)*

2 Lorbeerblätter

8 Pfefferkörner

feines Meersalz

 Tipps *Wer wenig Zeit hat, nimmt fertige Gemüsebrühe, Hühnerbrühe oder Rinderbouillon. Beim Kauf jedoch auf die Zutatenliste achten und nur Brühen ohne Glutamat, Aroma- und Farbstoffe wählen.*

Für selbst gemachte Brühwürfel die Brühe offen bei starker Hitze bis auf ein Drittel einkochen, dann abkühlen lassen. In Eiswürfelschalen füllen, ins Gefrierfach stellen und bei Bedarf für Suppen und Saucen verwenden.

Braune Hühnerbrühe → *gelingt leicht*

1 Das Huhn gut waschen und in Stücke schneiden. Knollensellerie und Karotten putzen und schälen. Die Zwiebeln schälen. Das Gemüse in grobe Stücke schneiden. Den Lauch putzen, der Länge nach halbieren und gründlich waschen, die Hälften ebenfalls in grobe Stücke schneiden. Die Petersilie waschen und trocken schütteln.

2 Das Öl in einem großen Topf erhitzen. Die Hühnerteile in den Topf geben und bei mittlerer Hitze unter ständigem Wenden in 5 Min. gold-braun anbraten. Die Zwiebeln dazugeben und ebenfalls goldbraun anrösten. Mit 1½ l kaltem Wasser aufgießen und kurz aufwallen lassen. Dabei den Schaum immer wieder mit einem Schaumlöffel von der Oberfläche abnehmen. Das Gemüse dazugeben und 2 Std. köcheln lassen.

3 Petersilie, Lorbeerblätter, Pfeffer- und Pimentkörner und die Zitronenhälfte dazugeben und bei geringer Hitze weitere 30 Min. köcheln lassen. Dabei zwischendurch mit einem Schaumlöffel den Schaum abnehmen. Die Brühe erst durch ein feines Sieb passieren, dann durch ein Passiertuch gießen. Die Grundbrühe zurück in den Topf geben und offen bei mittlerer Hitze auf 300 ml einkochen lassen. Mit 1 Prise Meersalz abschmecken.

FÜR 1½ L

1 großes Suppenhuhn
1 mittelgroßer Knollensellerie *(ca. 200 g)*
2 Karotten *(ca. 200 g)*
2 Zwiebeln
1 Stange Lauch
4 Stängel glatte Petersilie
1 EL Öl
2 Lorbeerblätter
6 Pfefferkörner
3 Pimentkörner
½ ungespritzte Zitrone
feines Meersalz

2. BASICS
→ Grundrezepte

Rinderbouillon → *gelingt leicht*

1 Die Knochen kalt waschen, in einen großen Topf geben, mit kaltem Wasser bedecken, aufkochen lassen und bei geringer Hitze 2 Std. köcheln lassen. Dabei den Schaum immer wieder mit dem Schaumlöffel von der Oberfläche abnehmen.

2 Inzwischen den Knollensellerie waschen, schälen und in grobe Stücke schneiden. Den Lauch putzen, der Länge nach halbieren und gründlich waschen, die Hälften ebenfalls in grobe Stücke schneiden. Die Zwiebeln schälen und vierteln. Den Staudensellerie waschen, putzen und in grobe Stücke schneiden.

3 Das Gemüse zur Brühe geben und 1 Std. mitgaren. Die Petersilie waschen und trocken schütteln. Piment- und Pfefferkörner, Lorbeerblätter und Petersilienstängel hinzufügen und die Brühe 1 weitere Std. köcheln lassen. Die Brühe mit Meersalz abschmecken.

FÜR 2 L BRÜHE

3 kg Rinderknochen, am besten Beinscheiben

1 mittelgroßer Knollensellerie *(ca. 200 g)*

2 Stangen Lauch *(ca. 150 g)*

3–4 Zwiebeln

½ Staude Staudensellerie

4 Stängel glatte Petersilie

2 Pimentkörner

6 schwarze Pfefferkörner

2 Lorbeerblätter

feines Meersalz

* **Tipp** *Zum Entfetten die Bouillon nach dem Abkühlen kalt stellen und am nächsten Tag das Fett mit einem Schaumlöffel abnehmen und nach Rezept verarbeiten.*

2. Saucen

Salsa Verde → *gelingt leicht*

Schalotte und Knoblauch schälen und fein hacken. Basilikum und Petersilie waschen, trocken schütteln und die Blätter abzupfen. Die Sardellenfilets kalt abspülen und zusammen mit dem Weißbrot grob klein schneiden. Mit Schalotte, Knoblauch, Kräutern, Kapern und Olivenöl im Mixer oder mit dem Pürierstab zu einer homogenen Masse verrühren. Mit Meersalz, Zucker und Pfeffer würzen.

FÜR ETWA 100 ML SAUCE
1 Schalotte
1 Knoblauchzehe
1 Bund Basilikum
½ Bund glatte Petersilie
2 Sardellenfilets
2 Scheiben Weißbrot
1 TL Kapern
80 ml Olivenöl
1 Prise feines Meersalz
1 Prise Zucker
schwarzer Pfeffer aus der Mühle

✳ **Tipp** *Die Kräutersauce passt zu allem, vor allem zu gegrilltem Fleisch oder Fisch und Meeresfrüchten, aber auch zu gegrilltem Gemüse.*

Knoblauchpaste → *gelingt leicht*

Den Backofen auf 180 °C (Umluft 160 °C) vorheizen. Die Knoblauchknollen zusammen mit etwas Meersalz und Olivenöl in ein großes Stück Alufolie wickeln. Die Folie gut verschließen und den Knoblauch auf dem Backofenrost im Backofen in ca. 40 Min. rösten. Den Knoblauch aus der Folie nehmen, die Zehen aus der Schale pressen und mit einer Gabel zu einer Paste verarbeiten.

FÜR 80 ML PASTE
3 Knoblauchknollen
½ TL feines Meersalz
3 EL Olivenöl

✳ **Tipp** *Die Paste gibt Tomatensauce, Zucchinigemüse oder anderen mediterranen Gerichten eine feine Würze und lässt sich abgedeckt eine Woche im Kühlschrank aufbewahren.*

2. BASICS
→ Grundrezepte

Harissa → *etwas aufwendiger*

1 Den Backofen auf 250 °C vorheizen. Die Chilis längs halbieren, putzen und waschen. Den Knoblauch schälen und fein hacken. Die Paprikaschoten halbieren, putzen und waschen. Die Paprikahälften mit der Schnittfläche nach unten auf ein Backblech legen und im Backofen (oben) rösten, bis die Haut Blasen wirft und beginnt, braun zu werden. Die Paprikaschoten herausnehmen, kurz abkühlen lassen, die Haut abziehen und klein schneiden.

2 Die Chilis mit 1 Prise Meersalz, der Hälfte der Gewürze und dem Knoblauch in den Mixer geben und sehr fein mixen. Die Paprikaschote, die restlichen Gewürze, das Tomatenmark und den Essig hinzufügen und alles vermischen. Die Mischung in eine Schüssel füllen und das Olivenöl unterrühren.

FÜR ETWA 200 ML PASTE

250 g lange rote Chilischoten
4 Knoblauchzehen
300 g rote Paprikaschoten
feines Meersalz
3 TL gemahlener Kümmel
3 TL gemahlener Kreuzkümmel
1 TL Tomatenmark
1 TL Rotweinessig
4 EL Olivenöl

Tipps *Sie können Harissa in der Küchenmaschine, im Mixer oder mit dem Pürierstab pürieren und in einem Schraubglas gut gekühlt einige Wochen aufbewahren.*

Mit dieser Würzpaste lassen sich Saucen, Fleisch- und Gemüsegerichte pfefferig-scharf würzen. Harissa harmoniert auch gut mit Käse.

»Achten Sie beim Kauf eines Fertigproduktes auf die Zutatenliste: Tikapaste und Harissa haben es manchmal in sich! Harissa mit Geschmacksverstärker einfach liegen lassen und lieber ohne selbst machen.«

Gesalzene Zitronenschale → *braucht Zeit*

1 Die Zitronen waschen, in einen kleinen Topf geben und mit kaltem Wasser bedecken. Das Meersalz dazugeben, das Wasser aufkochen und die Zitronen so lange bei geringer Hitze köcheln lassen, bis sich die Schale mit einem Messer einstechen lässt.

2 Die Zitronen herausnehmen und mit kaltem Wasser abschrecken. Die Zitronen in Viertel schneiden und die gelbe Schale ohne die weiße Haut mit einem scharfen Messer entfernen. Mit Olivenöl bedecken und kalt stellen.

FÜR 50 G
2 ungespritzte Zitronen
3 geh. EL feines Meersalz
Olivenöl

 Tipp *Die Schale können Sie nach Belieben verwenden: Man kann beim Braten von Fleisch und Fisch ein Stück in die Pfanne geben und mitbraten. Klein gehackt und mit etwas Knoblauchpaste und Öl gemischt wird eine Marinade für Grillfleisch daraus. Außerdem eignet sie sich klein gehackt und mit fein geschnittener Petersilie gemischt sehr gut zu Lamm oder geschmortem Fleisch. Oder die Schale einfach kurz vor dem Servieren über ein Gericht streuen. Beim Pichelsteiner Osso buco (siehe Seite 104) kann man sie beispielsweise für die »Gremolata« (Garnitur) verwenden. Abgedeckt mit Olivenöl und im Kühlschrank hält sie sich sechs Wochen frisch.*

Schnelle Zitronensauce → *gelingt leicht*

1 Die Zitronen waschen, mit 1 EL Meersalz in einen kleinen Topf geben und mit Wasser bedecken. Das Wasser aufkochen und die Zitronen bei geringer Hitze 15 Min. köcheln lassen. Die Zitronen herausnehmen, oben und unten einen Deckel abschneiden, das Fruchtfleisch mit einem Teelöffel herauslösen.

2 Das Olivenöl in einem kleinen Topf erhitzen, das Zitronenfleisch dazugeben und kurz andünsten, mit Honig und 1 Prise Meersalz abschmecken.

FÜR 4 PERSONEN
3 ungespritzte Zitronen
1 EL feines Meersalz
2 EL Olivenöl
1 TL Honig

 Tipps *Die Sauce eignet sich sehr gut zu gegrilltem Fisch und lässt sich nach Belieben mit Kapern, roten Zwiebelwürfeln oder frischen Kräutern verfeinern.*

Die restliche Zitronenschale können Sie in Stücke schneiden und damit Zitronenöl und Zitronenessig ansetzen oder Brühen und Braten aufpeppen.

2. BASICS
→ Grundrezepte

Würzpaste für Fleisch und Fisch → *gelingt leicht*

Die Chilischoten längs halbieren, putzen, waschen und grob hacken und in den Mixer geben. Dabei mit Küchenhandschuhen arbeiten. Das Koriandergrün waschen und trocken schütteln, die Blätter abzupfen und ebenfalls in den Mixer geben. Knoblauch schälen und dazugeben. Alles mit Kardamom, Koriander, Kreuzkümmel und Meersalz fein pürieren. Die Limettenhälfte auspressen. Limettensaft und Olivenöl untermixen. Die Sauce mit Meersalz und Pfeffer abschmecken.

FÜR 6 PERSONEN

250 g lange grüne Chilischoten
½ Bund Koriandergrün
1 Knoblauchzehe
1 TL grüner Kardamomsamen, fein gemahlen
⅓ TL gemahlener Koriander
1 TL gemahlener Kreuzkümmel
feines Meersalz
½ Limette
2–3 EL Olivenöl
schwarzer Pfeffer

✳ **Tipp** *Die Würzsauce passt gut zu Kurzgebratenem, z. B. Fischfilets wie Zander, Lachs und Rotbarsch oder zu Fleisch wie Kalbsfilet, Schweinefilet und Putenbrustfilet.*

»Gewürze kauft man am besten ungemahlen
und zerkleinert sie bei Bedarf im Mörser
oder man gibt sie einfach in die Gewürzmühle.«

Kimchi → *etwas aufwendiger*

1 Den Chinakohl putzen, halbieren und den mittleren Strunk entfernen. Die Kohlhälften in mundgerechte Stücke schneiden. Eine Lage Kohlstücke in eine große Schüssel geben und mit etwas Steinsalz bestreuen. Kohlstücke und Salz so lange lagenweise einschichten, bis der Kohl aufgebraucht ist. Die oberste Schicht mit Steinsalz bestreuen. Den Kohl mit einem Teller, der in die Schüssel passt, abdecken. Den Teller mit Dosen aus dem Vorrat beschweren und den Kohl fünf Tage an einem kühlen, dunklen Platz ruhen lassen.

2 Nach der Ruhezeit die Dosen und den Teller entfernen und die Flüssigkeit abgießen. Den Kohl unter fließend kaltem Wasser waschen und mit den Händen vorsichtig ausdrücken, um das überschüssige Wasser zu entfernen.

3 Die Frühlingszwiebeln putzen, waschen und fein hacken. Den Knoblauch schälen und ebenfalls fein hacken. Die Chilischoten längs halbieren, putzen und fein hacken. Den Ingwer schälen und fein reiben. Frühlingszwiebeln, Knoblauch, Ingwer, Chili, Cayennepfeffer und Zucker zum Kohl geben und unterrühren.

4 Den Kohl in ein sauberes Einmachglas mit Klemmverschluss füllen, 600 ml kaltes Wasser darübergießen, das Glas verschließen und drei bis vier Tage in den Kühlschrank stellen.

FÜR 1 GLAS MIT KLEMMVERSCHLUSS (ETWA 1 L INHALT)

1 großer Chinakohl
160 g Steinsalz
5 Frühlingszwiebeln
2 Knoblauchzehen
3 lange rote Chilischoten *(oder Harissa, Rezept Seite 35)*
1 Stück frischer Ingwer *(ca. 5 cm)*
½ TL Cayennepfeffer
1 EL Zucker

Das koreanische Nationalgericht ist mit Sauerkraut vergleichbar und sehr nahrhaft. Es schmeckt aber schärfer und ist aromatischer als Sauerkraut. In Korea wird es hauptsächlich pur mit gekochtem oder gepökeltem Schweinefleisch sowie zu Fisch gegessen. **INFO**

Togarashi → *gelingt leicht*

Paprikapulver, Basilikum, Szechuan-Pfeffer, Cayennepfeffer, Chiliflocken, Meersalz und Orangenschale im Mixer, Blitzhacker oder mit dem Pürierstab zerkleinern. Die Sesamsamen in einer kleinen Pfanne ohne Fett rösten und untermischen. Oder alle Gewürze mischen, in eine Gewürzmühle füllen und bei Bedarf fein mahlen.

FÜR 20 EL

4 EL rosenscharfes Paprikapulver

2 EL getrockneter Basilikum

2 EL Szechuan-Pfeffer

2 EL Cayennepfeffer

4 EL Chiliflocken

2 EL feines Meersalz

abgeriebene Schale von 1 ungespritzten Orange (oder Zitrone/Limette, dann etwas weniger)

4 EL schwarze Sesamsamen

Tipp *Der selbst gemachte Togarashi hält sich luftdicht verpackt sechs Monate. Togarashi gibt es aber auch im Asia-Laden fertig zu kaufen. Das Gewürz passt gut zu Zucchinigemüse, Ratatouille, Bratkartoffeln und Steaks. Sie können es auch als Ersatz für Chilipulver oder getrockneten Chili verwenden.*

3. Vinaigrettes

Asiatische Vinaigrette → *gelingt leicht*

Den Ingwer schälen und fein reiben oder hacken. Den Orangensaft mit Ingwer, Honig, Meersalz und Pfeffer in einer Schüssel mit dem Schneebesen verrühren. Reisweinessig, Sojasauce und Limettensaft unterrühren. Nach und nach die beiden Ölsorten unterrühren.

FÜR 6 PERSONEN

1 Stück frischer Ingwer (ca. 1 cm)

2 EL frisch gepresster Orangensaft

½ EL Honig

feines Meersalz

schwarzer Pfeffer aus der Mühle

1 EL Reisweinessig (Asia-Laden)

1 EL Sojasauce ohne Glutamat

1 EL frisch gepresster Limettensaft

3 EL Sesamöl

2 EL Erdnussöl

Tipp *Die Vinaigrette passt gut zu Rote-Bete-Salat, Karotten-Apfel-Rohkost, grob geraspeltem Rettich, Gemüsesalat und Glasnudelsalat.*

Pinienkern-Vinaigrette → *gelingt leicht*

Die Pinienkerne in einer kleinen Pfanne ohne Fett goldbraun rösten, beiseitestellen und abkühlen lassen. Pinienkerne, Essig, Zucker, Meersalz und Öl mit dem Pürierstab zu einem homogenen Dressing verarbeiten.

FÜR 250 ML

50 g Pinienkerne
75 ml weißer Balsamico
¼ TL Zucker
1 Prise feines Meersalz
150 ml Sonnenblumenöl
(oder Walnussöl)

 Tipp *Die Vinaigrette passt sehr gut zu Rucola, Tomatensalat oder zum Klassiker Tomaten mit Mozzarella. In einem Schraubglas und gut gekühlt hält sie sich ca. eine Woche.*

Balsamico-Vinaigrette → *gelingt leicht*

Den Essig mit dem Honig und Meersalz in eine Schüssel geben und mit dem Schneebesen verrühren. Die Orange auspressen. Das Sonnenblumenöl und den Orangensaft nach und nach kräftig unterrühren.

FÜR 450 ML

100 ml Balsamico
1 TL Honig
1 Prise feines Meersalz
1 Orange
300 ml Sonnenblumenöl
(oder Walnussöl)

 **Tipp** *Die Vinaigrette passt gut zu Tomaten und Blattsalaten, z. B. Romanasalat und Kopfsalat.*

> **2. BASICS**
> → Grundrezepte

Zitronen-Vinaigrette → *gelingt leicht*

Die Zitronen auspressen. Den Zitronensaft mit Meersalz und Zucker in einer Schüssel mit dem Schneebesen verrühren. Nach und nach die beiden Ölsorten kräftig unterrühren.

FÜR 200 ML

2 Zitronen
je 1 Prise feines Meersalz
1 Prise Zucker
50 ml Olivenöl
100 ml neutrales Öl
(z. B. Sonnenblumenöl)

 Tipp *Die Vinaigrette passt gut zu Feldsalat und zu allen milden Blattsalaten wie Lollo rosso, Romanasalat, Feldsalat oder Eichblattsalat.*

Blaubeer-Vinaigrette → *gelingt leicht*

Die Blaubeeren waschen, verlesen und abtropfen lassen. Die Beeren mit Essig, Öl, Meersalz und Zucker im Mixer oder mit dem Pürierstab fein pürieren.

FÜR 400 ML

120 g Blaubeeren
100 ml weißer Balsamico
200 ml neutrales Öl
(z. B. Sonnenblumenöl)
1 Prise feines Meersalz
½ TL Zucker

 Tipp *Die Vinaigrette passt gut zu herben Blattsalaten wie Endiviensalat, Friséesalat, Radicchio und Löwenzahn.*

Zu einem edlen Menü gehört ein passender Auftakt. Ob Suppe, Salat, Pasta oder etwas Gratiniertes, bei der Auswahl spielt nicht nur die Jahreszeit eine Rolle, sondern auch ob der Zwischengang schlicht, ausgefallen oder klassisch sein soll. In diesem Kapitel finden Sie von jedem etwas, und alles können Sie auch solo genießen. Lassen Sie sich einfach inspirieren!

3. SUPPEN & VORSPEISEN

→ Suppen **SEITE 44**   → Vorspeisen **SEITE 56**

3. SUPPEN & VORSPEISEN

→ Suppen

Ajo Verde –
kalte Spanische Suppe → *gelingt leicht*

1 Die Gurken schälen und in grobe Stücke schneiden. Den Knoblauch schälen und mit den Gurkenstücken in den Mixer geben. Das Basilikum waschen, trocken schütteln, die Blätter abzupfen und 6 Blätter zum Garnieren beiseitelegen.

2 Basilikum, Schmand, Olivenöl, Essig, Mandelöl, Mandeln, Meersalz und Pfeffer ebenfalls in den Mixer geben und alle Zutaten zu einer Suppe pürieren. Die Suppe zum Servieren in Gläser füllen und 30 Min. in den Kühlschrank stellen. Die Suppe eiskalt und mit je 1 Basilikumblatt garniert servieren.

FÜR 6 PERSONEN

2 Salatgurken
1 Knoblauchzehe
1 Bund Basilikum
500 g Schmand
150 ml Olivenöl
100 ml Weißweinessig
80 ml Mandelöl
200 g Mandeln
feines Meersalz
schwarzer Pfeffer

Kalte Avocado-Suppe → *gelingt leicht*

1 Die Limetten auspressen. Die Avocados halbieren und den Stein entfernen. Das Fruchtfleisch mit einem Löffel aus der Schale lösen, grob zerkleinern und mit etwas Limettensaft beträufeln. Die Gurke schälen, halbieren, mit einem Löffel entkernen und ebenfalls grob würfeln. Die Zwiebel schälen und vierteln. Alles zusammen im Mixer oder mit dem Pürierstab pürieren.

2 Das Püree durch ein feines Sieb streichen. Das Koriandergrün waschen und trocken schütteln, die Blätter abzupfen und fein hacken. Mit Brühe und restlichem Limettensaft zum Püree geben und unterrühren. Mit Meersalz und Pfeffer kräftig würzen. Die Suppe etwa 2 Std. in den Kühlschrank stellen.

3 Kurz vor dem Servieren das Toastbrot klein würfeln. Den Knoblauch schälen und fein hacken. Die Butter in einer Pfanne erhitzen und die Brotwürfel darin goldbraun braten. Den Knoblauch darüberstreuen. Die Brotwürfel mit Meersalz, Pfeffer, Cayennepfeffer und Paprikapulver würzen und ganz auskühlen lassen. Die Suppe nochmals umrühren, in Suppenteller füllen und mit den Brotwürfeln bestreuen.

FÜR 4 PERSONEN

2 Limetten
2 reife Avocados
1 große Salatgurke
1 kleine Zwiebel
1 Bund Koriandergrün
½ l Hühnerbouillon *(oder Gemüsebrühe, Rezept Seite 30)*
feines Meersalz
schwarzer Pfeffer aus der Mühle
3 Scheiben Toastbrot
2 Knoblauchzehen
4 EL Butter
1 Prise Cayennepfeffer
edelsüßes Paprikapulver

3. SUPPEN & VORSPEISEN
→ Suppen

Gazpacho → *gelingt leicht*

1 Das Brot in ca. 1 cm große Würfel schneiden. Den Knoblauch schälen. 1 Knoblauchzehe anstoßen, die zweite Zehe grob hacken. 1 EL Olivenöl in einer Pfanne erhitzen, die Brotwürfel und den angestoßenen Knoblauch darin bei mittlerer Hitze in 6 Min. goldbraun rösten.

2 Die Tomaten waschen, von den Stielansätzen befreien und grob würfeln. Die Gurken waschen, der Länge nach halbieren und die Hälften in grobe Stücke schneiden. Die Paprikaschote halbieren, putzen, waschen und ebenfalls in grobe Stücke schneiden. Die Zwiebel schälen und grob würfeln. Die Chilischote längs halbieren, putzen, waschen und grob hacken. Tomaten, Gurken, Paprika, Zwiebel und Chili in einer großen Schüssel mit je ½ EL Meersalz und Zucker vermischen und 10 Min. stehen lassen.

3 Die Limette auspressen. Das Brötchen grob würfeln. Das Koriandergrün waschen und samt Stängel grob schneiden. Limettensaft, Brötchen, Koriandergrün, Tabasco, Essig, Tomatensaft, Meersalz und Pfeffer zum Gemüse geben und vermischen. Das Gemüse mindestens 2 Std. im Kühlschrank marinieren lassen.

4 Die marinierte Mischung mit dem Pürierstab pürieren. Mit Meersalz und Pfeffer abschmecken. Gazpacho in tiefe Teller füllen, einige Tropfen Olivenöl darüberträufeln und die Brotwürfel daraufgeben.

FÜR 6 PERSONEN
6 Scheiben Roggenbrot
2 Knoblauchzehen
1 EL Olivenöl
8 große, vollreife Tomaten
2 Salatgurken
1 rote Paprikaschote
1 rote Zwiebel
1 kleine rote Chilischote
½ EL feines Meersalz
½ EL Zucker
1 Limette
1 Brötchen vom Vortag
(oder 2 Scheiben Toastbrot)
½ Bund Koriandergrün
1 Spritzer Tabasco
1 TL Rotweinessig
150 ml Tomatensaft
Pfeffer aus der Mühle

3. SUPPEN & VORSPEISEN
→ Suppen

Zucchinisuppe
mit geröstetem Paprika, Pfifferlingen und Safran → *gelingt leicht*

1 Den Backofen auf 250 °C vorheizen. Die Paprikaschoten halbieren, putzen und waschen. Die Paprikahälften mit der Schnittfläche nach unten auf ein Backblech legen und im Backofen (oben) rösten, bis die Haut Blasen wirft und beginnt, braun zu werden. Die Paprikaschoten herausnehmen, abkühlen lassen und die Haut abziehen.

2 Den Backofen auf 100 °C stellen. Das Backblech mit Backpapier belegen. Zucchino waschen, putzen, mit der Schneidemaschine oder auf dem Gemüsehobel in 12 dünne Scheiben schneiden und auf das Backblech legen. Im Backofen (Mitte) in 30 Min. trocknen lassen, bis sie knusprig werden. Inzwischen den Rest des Zucchino grob würfeln.

3 Die Paprikahälften ebenfalls grob schneiden. Die Schalotten schälen und grob würfeln. Die Pfifferlinge in einer Schüssel mit dem Mehl vermengen, mit kaltem Wasser aufgießen und gut mischen. Die Pilze mit einem Schaumlöffel aus dem Wasser heben – nicht abgießen – und eventuell noch etwas abbrausen. Die Pfifferlinge auf Küchenpapier leicht trocknen lassen, eventuelle Erdreste entfernen und je nach Größe halbieren oder vierteln.

4 In einem Topf 1 EL Olivenöl erhitzen und die Schalotten darin goldgelb anschwitzen. Den Zucker einrühren und mit dem Essig ablöschen. Die Zucchinistücke dazugeben und mit anschwitzen. Paprikastücke und Gemüsebrühe dazugeben. Eventuell Safran hinzufügen und die Suppe bei geringer Hitze 10 Min. köcheln lassen. Den Topf vom Herd ziehen. Die Suppe mit dem Pürierstab fein pürieren, durch ein feines Sieb streichen und wieder in den Topf geben. Mit Meersalz und Pfeffer abschmecken.

5 Den Schnittlauch waschen, trocken schütteln und in feine Röllchen schneiden. 1 TL Olivenöl in einer Pfanne erhitzen, die Pfifferlinge darin kurz anbraten, mit Meersalz und Pfeffer würzen, den Schnittlauch untermischen. Die Pilze auf vier Suppenteller verteilen. Die Hälfte der sauren Sahne unter die Suppe rühren. Die Suppe über die Pfifferlinge geben, mit je einem Klecks von der restlichen sauren Sahne und gerösteten Zucchinischeiben garnieren.

FÜR 4 PERSONEN

2 Paprikaschoten
(Farbe nach Geschmack)

1 mittelgroßer Zucchino
(gelb oder grün)

2 Schalotten

150 g Pfifferlinge

1 TL Mehl

Olivenöl

½ TL Zucker

½ TL Sherryessig
(oder Obstessig)

¾ l Gemüsebrühe
(Rezept Seite 30)

1 Msp. Safran
(falls zur Hand)

feines Meersalz

Pfeffer aus der Mühle

10 Schnittlauchhalme

100 g saure Sahne

Backpapier für das Backblech

3. SUPPEN & VORSPEISEN
→ Suppen

Beste Gemüsesuppe der Welt → *gelingt leicht*

1 Die Borlottibohnen in kaltem Wasser über Nacht einweichen. Am nächsten Tag Zwiebel und Knoblauch schälen, beides in grobe Würfel schneiden. Die Karotten putzen, schälen und in grobe Stücke schneiden. Den Staudensellerie waschen, putzen und grob klein schneiden. Die Petersilie waschen, trocken schütteln und die Blätter zerzupfen. Weißkohl putzen und in Stücke oder Rauten schneiden. Die Tomaten abtropfen lassen und grob in Stücke reißen.

2 4 EL Olivenöl in einem großen Topf erhitzen, Zwiebel, Karotten, Staudensellerie und 1 Prise Meersalz dazugeben und unter Rühren in 15 Min. goldbraun anrösten. Knoblauch, Kümmel und die Hälfte der Petersilie dazugeben und 1–2 Min. weiterrösten. Die Tomaten hinzufügen und bei geringer Hitze 10 Min. köcheln lassen.

3 1 l Wasser und den Weißkohl dazugeben, aufkochen lassen und den Kohl ca. 20 Min. kochen lassen, bis er fast weich ist. Die Bohnen dazugeben und unter Rühren weitere 10 Min. kochen lassen. Inzwischen das Ciabatta in grobe Stücke schneiden. Die Suppe mit Meersalz und Pfeffer würzen. Den Topf vom Herd ziehen, die Brotstücke dazugeben, bis sie sich mit der Flüssigkeit vollgesaugt haben. Die Suppe auf sechs Teller verteilen, mit der restlichen Petersilie bestreuen und mit dem restlichen Olivenöl beträufeln.

FÜR 6 PERSONEN
400 g Borlottibohnen
1 große Zwiebel
4 Knoblauchzehen
3 große Karotten
4 Stangen Staudensellerie
4 Stängel glatte Petersilie
500 g Weißkohl
400 g Tomaten
(aus der Dose)
6 EL Olivenöl
feines Meersalz
3 TL gemahlener Kümmel
200 g Ciabatta
(vom Vortag)
schwarzer Pfeffer

Tomaten-Papaya-Suppe

mit Vanilleschaum → *gelingt leicht*

1 Die Zwiebel schälen und klein würfeln. Die Limette auspressen. 1 EL Olivenöl in einem Topf erhitzen, die Zwiebel darin mit 1 Prise Zucker glasig anschwitzen. Mit Wodka und Limettensaft ablöschen. Den Orangensaft dazugeben und offen bei mittlerer Hitze zur Hälfte einkochen lassen. Die Tomaten dazugeben und bei geringer Hitze 30 Min. köcheln lassen.

2 Den Knoblauch schälen und leicht zerdrücken. Die Chilischote längs halbieren, putzen und waschen. 1 Prise Meersalz, Knoblauch, Lorbeerblatt und Chilihälften dazugeben und weitere 15 Min. köcheln lassen. Die Papaya schälen, halbieren und mit einem Löffel entkernen. Die Papayahälften in grobe Stücke schneiden, zusammen mit den getrockneten Tomaten und dem Honig zur Suppe geben und weitere 15 Min. köcheln lassen.

3 Die Suppe mit Meersalz und Pfeffer abschmecken und entweder durch die Flotte Lotte geben, mit dem Pürierstab pürieren oder durch ein feines Sieb passieren. Die Suppe wieder zurück in den Topf geben, erneut erhitzen und das restliche Olivenöl unterrühren.

4 Für den Vanilleschaum die Milch erhitzen und mit dem Pürierstab aufschäumen. Die Vanilleschote längs halbieren, das Mark herauskratzen und zur Milch geben. Die Suppe in vorgewärmten Schüsseln anrichten, den Milchschaum darüber verteilen und eventuell mit Pistazienkernen garnieren.

FÜR 6 PERSONEN

1 Zwiebel
½ Limette
3 EL Olivenöl
Zucker
1 EL Wodka
¼ l frisch gepresster Orangensaft
1 Dose Tomaten *(450 g Einwaage)*
1 Knoblauchzehe
1 Chilischote
feines Meersalz
1 Lorbeerblatt
1 mittelgroße reife Papaya
100 g getrocknete Tomaten
1 EL Honig
Pfeffer aus der Mühle
200 ml H-Milch
½ Vanilleschote
evtl. grob gehackte Pistazienkerne *(oder getrocknete Chilifäden)*

Karotten-Blutorangen-Suppe

mit Winterpesto → *gelingt leicht*

1 Die Karotten putzen, schälen und in grobe Stücke schneiden. Sellerie und Zwiebel schälen, beides grob hacken. Den Ingwer schälen und fein hacken. Die Blutorangen rundherum mit einem scharfen Messer wie einen Apfel schälen, sodass die weiße Haut mit entfernt wird. Die Filets aus den Häutchen schneiden und beiseitestellen.

2 Das Sonnenblumenöl in einem Topf erhitzen, das Gemüse darin bei mittlerer Hitze unter Rühren andünsten. 1¼ l Gemüsebrühe dazugießen, Ingwer, Peperoni, Lorbeerblatt und Orangenfilets dazugeben und bei geringer Hitze 25–30 Min. köcheln lassen, dabei mehrmals umrühren.

3 Das Lorbeerblatt entfernen. Den Topf vom Herd ziehen. Die Suppe mit dem Pürierstab fein pürieren, Sahne dazugießen, aufkochen lassen und nochmals mit dem Pürierstab aufschlagen. Suppe kurz erwärmen, mit Meersalz und Pfeffer abschmecken.

4 Für das Winterpesto die getrockneten Tomaten grob hacken. Mit Walnusskernen, Essig, Olivenöl und der restlichen Gemüsebrühe im Mixer fein pürieren, mit Meersalz abschmecken. Die Suppe anrichten und mit dem Pesto servieren.

FÜR 6 PERSONEN

500 g Karotten

100 g Knollensellerie

1 kleine rote Zwiebel
(ca. 50 g)

1 Stück frischer Ingwer
(ca. 2 cm)

2 Blutorangen

1 EL Sonnenblumenöl

1¼ l + 2 EL Gemüsebrühe
(Rezept Seite 30)

2 Msp. getrocknete Peperoni

1 Lorbeerblatt

250 g Sahne

feines Meersalz

Pfeffer

100 g getrocknete, in Öl eingelegte Tomaten

50 g Walnusskerne

1 EL Balsamico

6 EL Olivenöl

3. SUPPEN & VORSPEISEN

→ Vorspeisen

Ausgebackene Zucchini
mit Feta und Dill → *gelingt leicht*

1 Die Zucchini waschen, putzen und in grobe Stücke schneiden. Die Zucchinistücke in ein Sieb geben und jeweils ½ TL Meersalz und Zucker untermischen. Die Zucchini 20 Min. ziehen lassen.

2 Inzwischen für den Teig Backpulver und Kichererbsenmehl mischen. Nach und nach das Sodawasser unterrühren, bis ein glatter Ausbackteig entsteht. Die Kräuter waschen, trocken schütteln und grob hacken. Die Frühlingszwiebeln putzen, waschen und in dünne Ringe schneiden. Den Fetakäse zerbröckeln.

3 Die Tomaten waschen, die Stielansätze entfernen und die Tomaten in Achtel schneiden. 1 EL Olivenöl mit Limettensaft, Meersalz und Zucker verrühren, das Dressing unter die Tomaten ziehen. Den Tomatensalat kräftig mit Pfeffer würzen.

4 Zucchini mit einem sauberen Tuch trocken tupfen. Mit den Kräutern, Frühlingszwiebeln und dem Fetakäse unter den Teig rühren. Den Teig mit ½ TL Meersalz würzen. Den Joghurt mit Milch und Meersalz verrühren. 10 EL Olivenöl in einem mittelgroßen Topf erhitzen. Die Zucchinimasse esslöffelweise in das heiße Fett geben und goldgelb ausbacken, wenden und die andere Seite backen, bis sie goldgelb ist. Die gebackenen Zucchini herausnehmen und auf Küchenpapier abtropfen lassen. Mit Tomatensalat und Joghurt servieren.

FÜR 6 PERSONEN

2 große Zucchini
feines Meersalz
Zucker
¼ TL Backpulver
110 g Kichererbsenmehl
120 ml Sodawasser
½ Bund Minze
½ Bund Dill
5 Frühlingszwiebeln
200 g Fetakäse
2 große Fleischtomaten
11 EL Olivenöl
1 TL Limettensaft
schwarzer Pfeffer
200 g griechischer Joghurt
1 EL Milch

3. SUPPEN & VORSPEISEN
→ Vorspeisen

Artischocken-Kartoffel-Salat
mit Harissa → *gelingt leicht*

1 Die Artischocken vom Strunk befreien, in einen großen Topf mit kaltem Salzwasser geben, aufkochen lassen und die Artischocken 15–25 Min. kochen, bis sie weich sind. Inzwischen die Kartoffeln mit Schale ebenfalls in 20–25 Min. garen. Das Koriandergrün waschen, trocken schütteln und grob hacken.

2 In der Zwischenzeit für das Dressing den Knoblauch schälen, mit etwas Meersalz mit dem Messerrücken zu einer groben Paste verarbeiten. Die Paste mit Limettensaft, Harissa, 1 EL Koriandergrün und Öl verrühren. Das Dressing mit Meersalz und Pfeffer abschmecken.

3 Die Artischocken abgießen und abkühlen lassen. Eventuell die äußeren Blätter mit einem Messer entfernen und mit einem Löffel die Haare entfernen. Die Artischockenböden in ca. 5–7 mm große Stücke schneiden. In etwas Wasser mit Zitronensaft geben, damit sie nicht braun werden.

4 Die Kartoffeln abgießen, pellen, in Scheiben schneiden und warm mit dem Dressing, 2 EL Koriandergrün und Minze vermischen. Die Artischocken aus dem Zitronenwasser nehmen, trocken tupfen und unter den Salat mischen.

FÜR 4 PERSONEN

4 große oder 8 kleine Artischocken

feines Meersalz

600 g fest kochende Kartoffeln

4 Stängel Koriandergrün

1 Knoblauchzehe

1 EL frisch gepresster Limettensaft

2–3 EL Harissa
(Rezept Seite 35 oder aus dem Glas)

5 EL Extra-Virgin-Olivenöl

schwarzer Pfeffer

1 Spritzer Zitronensaft

1 EL fein gehackte Minze

3. SUPPEN & VORSPEISEN
→ Vorspeisen

Caesar Salad → *gelingt leicht*

1 Für die Croûtons das Brot in Würfel schneiden. Das Olivenöl in einer Pfanne erhitzen und die Brotwürfel darin knusprig braten. Herausnehmen und abkühlen lassen. Den Romanasalat der Länge nach vierteln und putzen. Die Viertel waschen und trocken schleudern. Je trockener der Salat, desto besser haftet das Dressing.

2 Für das Dressing die Zitrone auspressen. Zitronensaft mit Senf, Meersalz, Zucker und Eigelb in ca. 2 Min. gut verrühren, bis die Mischung beginnt, weiß zu werden. Das Walnussöl nach und nach in einem dünnen Strahl einrühren, sodass eine Mayonnaise entsteht.

3 Die Kapern abtropfen lassen. Die Sardellenfilets fein hacken. Kapern, Sardellen und geriebenen Parmesan unter die Mayonnaise rühren. Mit Tabasco und Worcestersauce abschmecken. In einer großen Schüssel den Salat mit dem Dressing und den Croûtons vermischen. Den Salat auf vier Teller verteilen. Mit einem Gemüseschäler Streifen vom Parmesan über den Salat hobeln.

FÜR 4 PERSONEN

200 g Weißbrot, Baguette oder Focaccia
3 EL Olivenöl
1 Kopf junger Romanasalat
1 Zitrone
½ EL Dijonsenf
1 Prise feines Meersalz
1 Prise Zucker
1 Eigelb
300 ml Walnussöl
100 g Kapern
3 Sardellenfilets
2 EL frisch geriebener Parmesan
1 Spritzer Tabasco
1 EL Worcestersauce
50 g Parmesan am Stück

»Der Salat ist ein beliebter Klassiker, der von der Speisekarte des ›rubico‹ nicht mehr wegzudenken ist.«

3. SUPPEN & VORSPEISEN
→ Vorspeisen

Salat »ohne Minze«
mit Makrele → *gelingt leicht*

1 Die Makrele behutsam abspülen, trocken tupfen und mit 1 Prise Meersalz würzen. Für die Marinade den Ingwer schälen und in dünne Scheibchen schneiden. Rosmarin waschen, trocken schütteln und die Nadeln abzupfen. Die Chilischote längs halbieren, putzen und waschen. Beide Biersorten mischen, mit Ingwer, Rosmarin, Chilihälften, Pfefferkörnern, Zitronenschale, Honig und Pimentkörnern aufkochen und 10 Min. kochen lassen. Die Marinade durch ein Sieb gießen und abkühlen lassen. Die Makrele der Länge nach halbieren. Die beiden Stränge in jeweils 3 möglichst gleich großen Portionen schneiden. Die Filetstücke mindestens 1 Std. in der Marinade liegen lassen.

2 Von der Brunnenkresse die dicken Stielenden abschneiden. Wenn die Stängel zu lang und zu dick sind, diese etwas klein zupfen. Spinat und Brunnenkresse waschen und trocken schleudern.

3 Grapefruit und Orange rundherum mit einem scharfen Messer wie einen Apfel schälen, sodass die weiße Haut mit entfernt wird. Die Fruchtfilets aus den Trennhäutchen schneiden und dabei den Saft auffangen. Die Reste der Zitrusfrüchte auspressen. Die Erdbeeren waschen, putzen und je nach Größe halbieren. Den Saft mit Meersalz, Zucker, Essig und Olivenöl zu einer Vinaigrette verrühren.

4 Spinat und Brunnenkresse mit der Vinaigrette mischen. Erdbeeren und Zitrusfrüchte auf sechs Teller verteilen. Den Spinat-Brunnenkresse-Salat auf die Früchte geben. Die Makrelenstücke auf den Salat legen.

FÜR 6 PERSONEN
300–400 g Makrele
feines Meersalz
1 Stück frischer Ingwer (ca. 2 cm)
1 Zweig Rosmarin
1 kleine Chilischote
¼ l Malzbier
¼ l Starkbier
½ TL schwarze Pfefferkörner
1 kleines Stück gesalzene Zitronenschale *(Rezept Seite 36)*
1 TL Honig
2 Pimentkörner
100 g Brunnenkresse
150 g junger Spinat
1 Pink Grapefruit
1 Orange
150 g Erdbeeren
1 Prise feines Meersalz
1 Prise Zucker
1 Spritzer Reisweinessig *(Asia-Laden; oder Weißweinessig)*
3 EL Olivenöl

 Tipps *Statt der Makrele eignet sich auch Lachs sehr gut (im Foto links).*

Statt der gesalzenen Zitronenschale 1 ungespritzte Zitrone waschen, trocken reiben und mit dem Sparschäler 1 Stück Schale abziehen.

Diese Salatkombination entwickelt einen Hauch von Minze, obwohl keine Minze verwendet wird – phänomenal!

3. SUPPEN & VORSPEISEN
→ Vorspeisen

Salat von gebratenen Garnelen
und Papaya mit Buttermilch-Avocado-Dressing → *etwas aufwendiger*

1 Den Rucola waschen, von den harten Stielen befreien und trocken schleudern oder auf Küchenpapier ausbreiten und abtropfen lassen. Die Mandeln in einer kleinen Pfanne ohne Fett goldbraun rösten, herausnehmen und abkühlen lassen.

2 Die Frühlingszwiebeln putzen, waschen und in feine Ringe schneiden. Schalotten und Knoblauch schälen. Schalotten grob und Knoblauch fein hacken. Garnelen schälen und die Schalen beiseitelegen. Mit einem spitzen und scharfen Messer den Darm entfernen und die Garnelen längs halbieren. Das Öl in einer Pfanne erhitzen, die Garnelen darin 30 Sek. anbraten, mit ½ TL Meersalz und Pfeffer würzen. Frühlingszwiebeln und Knoblauch dazugeben. Die halbgaren Garnelen in eine Schüssel geben.

3 Basilikum waschen, trocken schütteln und 1 Stängel beiseitelegen. Von dem Rest die Blätter abzupfen. Garnelenschalen und Schalotten in dieselbe Pfanne geben und 1 Min. scharf anbraten. Mit Weißwein ablöschen. Gemüsefond, 2 EL Zitronensaft und den Basilikumstängel dazugeben. Den Sud in 3 Min. etwas einkochen lassen, durch ein Sieb über die Garnelen in der Schüssel gießen und die Garnelen ziehen lassen.

4 Für das Dressing die Avocadohälfte schälen und in den Mixer geben. 1 EL Zitronensaft, Senf, Honig, 1 TL Meersalz, Pfeffer, Essig, Buttermilch und Walnussöl dazugeben und alles zu einem Dressing mixen.

5 Die Papaya schälen, sodass auch die grüne Schicht unter der Schale entfernt wird. Papaya der Länge nach halbieren und die Kerne mit einem Teelöffel entfernen. Die Papayahälften erst längs, dann quer halbieren und die Viertel in 1 cm große Stücke schneiden. Papayastücke mit Mandeln, Rucola, Basilikumblättern und der Hälfte des Dressings gut durchmischen. Garnelen samt Sud und Frühlingszwiebeln unter den Salat mischen. Den Salat auf vier Teller geben und das restliche Dressing außenherum verteilen.

FÜR 4 PERSONEN

80 g Rucola

2 EL Mandelstifte
(oder Mandelblättchen)

4 Frühlingszwiebeln

2 kleine Schalotten

1 Knoblauchzehe

8 Black-Tiger-Garnelen
(à ca. 60 g; Größenbezeichnung: 8/12)

1 EL neutrales Öl zum Braten

feines Meersalz

Pfeffer aus der Mühle

1 Bund Basilikum

100 ml Weißwein

100 ml Gemüsefond

3 EL frisch gepresster Zitronensaft

½ reife Avocado

1 TL mittelscharfer Senf

1 TL Honig

2 EL Sherryessig
(oder Obstessig)

6 EL Buttermilch

2 EL Walnussöl
(oder Olivenöl)

1 große reife Papaya

 Tipps *Zum Braten der Black-Tiger-Garnelen kein Olivenöl verwenden, seine Säure zerstört die feine Struktur der Meeresfrüchte. Die zweite Avocadohälfte für den Aufstrich auf Seite 139 verwenden.*

Wintersalat

mit Ziegenfrischkäse, Granatäpfeln und Walnüssen → *gelingt leicht*

1 Den Knoblauch schälen und mit Meersalz im Mörser zu einer Paste verarbeiten. Den Ziegenfrischkäse mit der Knoblauchpaste und dem Thymian verrühren und mit Meersalz und Pfeffer würzen.

2 Den Frischkäse in die Mitte eines Tellers oder einer Schüssel geben. Die Salatblätter waschen und trocken schleudern. Den Granatapfel halbieren und Kerne herauslösen. Die Walnusskerne grob hacken. Öl, Essig und Granatapfelsaft verrühren und den Salat mit dem Dressing mischen. Den Salat außen um den Frischkäse herum verteilen. Mit Granatapfelkernen und Walnüssen garnieren.

FÜR 6 PERSONEN

½ **Knoblauchzehe**

feines Meersalz

300 g Ziegenfrischkäse

2 TL frische Thymianblättchen

schwarzer Pfeffer

150 g Salatblätter
(z. B. Friséesalat, Chicorée, Radicchio)

1 Granatapfel

75 g Walnusskerne

4 EL Extra-Virgin-Olivenöl

1 EL Rotweinessig
(oder Sherryessig)

2 EL Granatapfelsaft
(falls zur Hand)

3. SUPPEN & VORSPEISEN
→ Vorspeisen

Feigen
mit Prosciutto, Minze und Büffelmozzarella → *gelingt leicht*

1 Von den Feigen die Stielansätze entfernen, die Feigen je nach Größe halbieren oder vierteln. Thymian waschen, trocken schütteln und die Blätter abzupfen. Olivenöl mit Essig, Zitronensaft und -schale und Thymian verrühren, mit je 1 Prise Meersalz und Pfeffer würzen. Die Feigenviertel dazugeben und darin 10–30 Min. marinieren.

2 Inzwischen den Prosciutto längs in Streifen schneiden. Den Rucola waschen, von den groben Stielen befreien und trocken schleudern. Den Mozzarella in Scheiben schneiden. Die Feigen aus der Marinade nehmen, kurz abtropfen lassen und mit den Prosciuttostreifen umwickeln.

3 Den Rucola mit der restlichen Marinade vermischen und jeweils in die Mitte der Teller setzen. Die Mozzarellascheiben drumherum verteilen, die Feigen mit dem Prosciutto daraufsetzen. Die Minze waschen, trocken tupfen, hacken und darüberstreuen.

FÜR 6 PERSONEN

12 reife Feigen
4–5 Stängel Thymian
3 EL Olivenöl
6 EL Balsamico
Schale und Saft
von ½ ungespritzten Zitrone
feines Meersalz
schwarzer Pfeffer aus der Mühle
12 Scheiben Prosciutto
1 Bund Rucola
5 Kugeln Büffelmozzarella
30 Minzeblätter

Gebackene Äpfel
mit Ziegenfrischkäse → *gelingt leicht*

1 Den Backofen auf 220 °C (Umluft 200 °C) vorheizen. Die Pinienkerne in einer Pfanne ohne Fett goldbraun rösten und abkühlen lassen. Die Äpfel längs halbieren und das Kerngehäuse großzügig entfernen. Den Ziegenfrischkäse und den Quark mit einer Gabel zerdrücken und gut vermischen. Die Pinienkerne dazugeben und die Frischkäsemischung mit Meersalz abschmecken.

2 Die Apfelhälften mit der Frischkäsemasse füllen, in eine ofenfeste Form setzen und im Backofen (Mitte) 15–20 Min. backen.

3 Inzwischen die Salatblätter waschen und trocken schleudern. Essig und Olivenöl verrühren. Die Salatblätter darin wenden und in die Mitte der Teller geben. Jeweils eine Apfelhälfte daraufsetzen. Den Schinken drumherum anrichten. Mit wenig Olivenöl beträufeln.

FÜR 6 PERSONEN

3 EL Pinienkerne

3 feste, säuerliche Äpfel *(z. B. Boskop)*

200 g Ziegenfrischkäse

100 g Quark

Meersalz aus der Mühle

300 g Salatblätter *(z. B. Friséesalat, Chicorée, Radicchio)*

1 EL Balsamico

4 EL Olivenöl

24 Lachsfiletschinken in hauchdünnen Scheiben

Extra-Virgin-Olivenöl zum Beträufeln

> 3. SUPPEN & VORSPEISEN
> → Vorspeisen

Gratinierte Avocado
mit Blattsalat → *braucht Zeit*

1 Den Backofengrill auf 220 °C vorheizen. Das Brot in Würfel schneiden, in eine Schüssel geben und mit ½ EL Olivenöl gut vermengen. Auf ein Backblech geben und im Backofen (oben) 2 Min. rösten. Dabei gelegentlich wenden.

2 Die Avocado mit einem Messer rund um den Kern der Länge nach einschneiden, dabei die Klinge auf dem Stein halten und die Avocado um das Messer drehen. Zum Trennen die Hälften gegeneinander drehen. Mit der Messerklinge behutsam in den Stein schlagen, sodass dieser am Messer haften bleibt und sich leicht entfernen lässt. Das Fruchtfleisch in den Avocadohälften mit einem kleinen Messer in Würfel segmentieren, ohne dabei die Haut zu zerschneiden. Die Avocadowürfel mit einem Esslöffel herauslösen und in eine Schüssel geben. Sofort mit Zitronensaft mischen. Mit Meersalz, Pfeffer und Zucker würzen. Die Schalen aufheben.

3 Das Basilikum waschen, trocken schütteln und die Blätter grob hacken. Getrocknete Tomaten ebenfalls hacken. Den Parmesan grob reiben. Basilikum, Tomaten, Cashewnusskerne, 1 EL Olivenöl, Parmesan bis auf 1 EL und die Brotwürfel mit den Avocadowürfeln kurz vermengen.

4 Die beiseitegelegten Avocadoschalen damit füllen und mit dem restlichen Parmesan bestreuen. Die Avocadohälften auf ein Backblech setzen und im Backofen (oben) 5–8 Min. gratinieren. Die gratinierten Avocadohälften auf Blattsalaten wie Rucola, Romana-, Frisée- oder Kopfsalat anrichten und mit der Balsamico-Vinaigrette (Rezept Seite 40) beträufeln.

FÜR 2 PERSONEN

2 Scheiben Roggenbrot
1½ EL Olivenöl
1 reife Avocado
1 TL Zitronensaft
1 Prise feines Meersalz
Pfeffer aus der Mühle
1 Prise Zucker
2 Stängel Basilikum
(ersatzweise Petersilie oder Rucola)
2 getrocknete, in Öl eingelegte Tomaten
60–80 g Parmesan
(ersatzweise Mozzarella oder beides)
½ EL grob gehackte Cashewnusskerne
(ersatzweise Pinienkerne oder Mandeln)

 Tipps *Avocado wie angegeben nur gratinieren. Denn wenn sie innen zu warm wird, schmeckt sie bitter! Dazu passt ein milder und fruchtiger Weißwein, beispielsweise ein Chardonnay.*

3. SUPPEN & VORSPEISEN
→ Vorspeisen

Tatar aus der Pfanne
mit Chimi-Churi → *gelingt leicht*

1 Das Rinderfilet in 6 Portionen teilen. Die Stücke mit einem scharfen Messer bis zur Hälfte einritzen, sodass ein feines Schachbrettmuster entsteht.

2 Für das Chimi-Churi die Schalotten schälen und fein würfeln. Die Petersilie waschen, trocken schütteln und die Blätter grob hacken. Den Knoblauch schälen und fein hacken. Die Chilischote längs halbieren, putzen, waschen und fein hacken. Petersilie, Chili, Knoblauch und Limettenschale, 1 EL Olivenöl und Essig in einer kleinen Schüssel gut mischen, mit Meersalz und Pfeffer würzen.

3 Die Filetstücke mit Meersalz und Zucker würzen. Eine große Pfanne heiß werden lassen, 1 EL Olivenöl in die Pfanne geben, die Filetstücke mit der Schnittseite nach unten darin sehr scharf etwa 30 Sek. anbraten. Die Stücke aus der Pfanne nehmen und auf einem Teller 30 Sek. ruhen lassen. Das Chimi-Churi auf den Tatar geben und sofort servieren.

FÜR 6 PERSONEN
600 g Rinderfilet
2 Schalotten
½ Bund glatte Petersilie
1 Knoblauchzehe
1 kleine rote Chillischote
abgeriebene Schale von ½ ungespritzten Limette (oder Zitrone)
2 EL Olivenöl
1 Spritzer Weißweinessig
feines Meersalz
schwarzer Pfeffer aus der Mühle
1 Prise Zucker

✱ Tipps *Der »Tatar« lässt sich auch auf dem Grill zubereiten und bekommt dadurch eine besondere Note. Chimi-Churi ist eine Garnitur für gegrilltes Fleisch aus Argentinien. Am besten serviert man dieses Gericht mit einem Tomatensalat und einer Pinienkern-Vinaigrette (Rezept Seite 40) oder mit Rucola.*

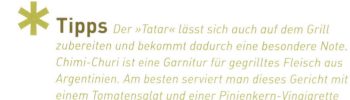

»Diese Art, ein Tatar zu servieren, habe ich von meinem Kollegen und Kumpel Stefan Marquard ›abgeschaut‹.«

Zucchini-Auberginen-Salat
mit Charmoula, Hühnchen und Pita → *gelingt leicht*

1 Zucchini und Aubergine waschen, putzen und in große Würfel schneiden. Wasser mit 1 Prise Meersalz in einem großen Topf aufkochen, Zucchini- und Auberginenwürfel dazugeben und zugedeckt 4 Min. kochen lassen. Die Gemüsestücke mit einem Schaumlöffel herausheben, mit kaltem Wasser abschrecken. Wieder aus dem Wasser nehmen, dabei die Stücke mit der Hand leicht andrücken.

2 Für die Marinade den Kreuzkümmel in einem Mörser fein zerstoßen. Den Knoblauch schälen. Das Koriandergrün waschen, trocken schütteln und die Blätter grob hacken. Knoblauch und Meersalz im Mörser zu einer feinen Paste verarbeiten. Die Paste mit Kreuzkümmel, Zitronensaft, Essig, 1 TL Paprikapulver, Koriandergrün und Olivenöl verrühren. Die Gemüsewürfel in einer großen Schüssel mit der Charmoula gut mischen.

3 Joghurt mit 1 TL Paprikapulver, Koriander, Limettensaft, ½ TL Meersalz und Minze verrühren, den Dip mit Pfeffer abschmecken und beiseitestellen.

4 Die Hühnerbrust in ca. 2 cm große Stücke schneiden, mit Meersalz und Pfeffer würzen. Eine große Pfanne heiß werden lassen. Das Öl dazugeben und erhitzen, die Hühnerbruststücke darin bei starker Hitze in 2 Min goldbraun braten, dann bei geringer Hitze 1 Min. weiterbraten. Das Fleisch mit Paprikapulver bestäuben und 1 weitere Min. braten.

5 Zum Anrichten die Fleischwürfel in die Mitte der Teller geben. Den Joghurt-Dip darübergeben und das Gemüse außenherum verteilen. Mit den Pita-Broten anrichten.

FÜR 4 PERSONEN
- 600 g kleine Zucchini
- 1 große oder 2 kleine Auberginen
- feines Meersalz
- 2 TL Kreuzkümmel
- 2 Knoblauchzehen
- 5 Stängel Koriandergrün
- frisch gepresster Saft von ½ Zitrone
- ½ TL Rotweinessig
- edelsüßes Paprikapulver
- 3 EL Extra-Virgin-Olivenöl
- 6 EL Naturjoghurt
- 1 TL gemahlener Koriander
- 1 TL frisch gepresster Limettensaft
- 1 TL grob gehackte Minze
- schwarzer Pfeffer
- 500 g Hühnerbrust
- 1 EL neutrales Öl zum Braten *(z. B. Sonnenblumenöl)*
- 4 Pita-Brote

INFO

Charmoula ist eine klassische marokkanische Marinade für Gemüse.

3. SUPPEN & VORSPEISEN
→ Vorspeisen

Carpaccio
mit Grapefruit, Spargelsalat und Minze-Vinaigrette → *gelingt leicht*

1 Den Spargel schälen, die Enden um ca. 2 cm kürzen. Junger, dünner grüner Spargel muss nicht geschält werden, weißer Spargel muss immer geschält werden. Die Spargelstangen schräg in 1,5 cm lange Stücke schneiden. Die Spargelstücke in einer Schüssel mit je 1 Prise Meersalz und Zucker vermengen und 1 Min. ziehen lassen.

2 Für die Vinaigrette die Minze waschen, trocken schütteln und die Blätter abzupfen. Mit Honig, Limettensaft, Essig, Olivenöl, ½ TL Meersalz und Pfeffer im Mixer pürieren. Die oberen und unteren Enden der Grapefruits und Orangen abschneiden und rundherum mit einem scharfen Messer wie einen Apfel schälen, sodass die weiße Haut mit entfernt wird. Die Fruchtfilets über einer Salatschüssel aus den Trennhäutchen schneiden, dabei den Saft auffangen. Den Spinat waschen, verlesen und trocken schleudern. Die Brunnenkresse waschen und die groben Stiele entfernen. Spinat, Brunnenkresse und Spargel zu den Grapefruit- und Orangenfilets in die Schüssel geben.

3 Die Erdbeeren waschen, putzen und je nach Größe halbieren oder vierteln und ebenfalls in die Schüssel geben. Den Salat mit Meersalz und Pfeffer würzen, die Vinaigrette behutsam untermischen. Das Rinderfleisch mit einem langen scharfen Messer in dünne Scheiben schneiden. Zum Anrichten den Salat »stapeln«, dabei den Salat abwechselnd mit den Fleischscheiben aufeinander in der Tellermitte anrichten. Die übrige Vinaigrette aus der Salatschüssel darüberträufeln.

FÜR 4 PERSONEN

12 Stangen weißer Spargel
(oder grüner Spargel)

feines Meersalz

Zucker

1 Bund frische Minze

1 TL Honig

2 EL frisch gepresster Limettensaft

1 TL Reisweinessig
(Asia-Laden; oder weißer Balsamico)

6 EL Olivenöl

Pfeffer aus der Mühle

2 Grapefruits

2 Orangen

150 g junge Spinatblätter

100 g Brunnenkresse

200 g Erdbeeren

300 g mageres Rindfleisch
(z. B. Filet, Entrecôte oder ein Stück aus der Hüfte)

INFO

Beim Klassiker werden die dünnen Scheiben vom rohen Fleisch auf dem Teller ausgelegt, hier werden sie mit Salat gemischt. Wichtig: Das Fleisch muss absolut frisch und von bester Qualität sein – am besten Bio-Fleisch aus Deutschland.

Linguine

mit Muscheln und Spargel → *braucht Zeit*

1 Die Shiitake-Pilze in eine Schüssel mit heißem Wasser geben und abgedeckt 20–30 Min. quellen lassen. Inzwischen die Muscheln gut waschen und eventuell mit einer kleinen Bürste schrubben. Offene Muscheln, die auch auf leichten Druck hin nicht geschlossen bleiben, wegwerfen. (Vergiftungsgefahr!)

2 Den Lauch putzen und den dunkelgrünen Teil abschneiden. Den weißen bis hellgrünen Teil der Länge nach halbieren, gründlich waschen und in feine Streifen (Julienne) schneiden. Den Spargel waschen, im unteren Drittel schälen und die holzigen Enden abschneiden. Die Spargelstangen schräg in ca. 3 cm lange Stücke schneiden. Mit je 1 Prise Meersalz und Zucker in eine Schüssel geben, gut durchmischen und ziehen lassen.

3 Knoblauch und Schalotten schälen, die Schalotten klein würfeln. Schnittlauch und Petersilie waschen und trocken schütteln. Den Schnittlauch in Röllchen schneiden und beiseitestellen. Die Petersilienblätter abzupfen und grob hacken. Den Pancetta grob würfeln.

4 Weißwein und Hühnerbouillon mit Knoblauch, Schalotten, Safran aufkochen lassen. Die Muscheln hinzufügen und zugedeckt bei geringer Hitze in 3–5 Min. garen. Geschlossene Muscheln nach dem Garen wegwerfen. Die Muscheln aus dem Topf nehmen, den Muschelsud bei starker Hitze in ca. 10 Min. um die Hälfte einkochen lassen. Den Sud mit Meersalz und Pfeffer abschmecken.

5 Linguine in Salzwasser nach Packungsangabe bissfest garen. Inzwischen die Shiitake-Pilze herausnehmen, auf einem Tuch abtropfen lassen und mit den Händen ganz leicht pressen. Die Stiele herausdrehen oder mit der Messerspitze entfernen. Die Pilzhüte in Streifen oder Stücke schneiden. Für die Sauce die Butter erhitzen, Shiitake-Pilze, Pancetta und Lauch dazugeben und 3 Min. dünsten. Die Spargelstücke hinzufügen und 4 Min. mitdünsten.

6 Die Linguine abgießen und abtropfen lassen. Zum Anrichten die warmen Linguine in die Mitte der Schüsseln verteilen. Die Shiitake-Spargel-Mischung daraufgeben. Die Muscheln auf tiefe Teller verteilen und jeden Teller großzügig mit dem Muschelsud nappieren. Mit Schnittlauchröllchen bestreuen.

FÜR 4 PERSONEN

100 g getrocknete Shiitake-Pilze
(Asia-Laden)

1 kg Miesmuscheln

1 Stange Lauch

500 g grüner Spargel

feines Meersalz

Zucker

10 Knoblauchzehen

2 Schalotten

½ Bund Schnittlauch

5 Stängel glatte Petersilie

150 g Pancetta
(oder ungeräucherter Bauchspeck)

500 ml Weißwein

500 ml Hühnerbouillon
(Rezept Seite 31)

6 Safranfäden

Pfeffer aus der Mühle

500 g Linguine

1 EL Butter

✱ Tipp *Achten Sie beim Kauf darauf, dass alle Muscheln geschlossen sind oder die Anzahl der geöffneten Muscheln sehr gering ist. Besonders edel wird das Nudelgericht, wenn Sie statt der Shiitake-Pilze Morcheln verwenden. Die Shiitakes sollten möglichst große, fleischige Kappen haben. Im Asia-Laden gibt es die Pilze getrocknet im Plastikbeutel. Das ist erlaubt, wenn sie schön fleischig und rundlich sind.*

3. SUPPEN & VORSPEISEN
→ Vorspeisen

Mariniertes Rindfleisch
mit Bockshornklee und Hummus → *gelingt leicht*

1 Das Fleisch mit einem scharfen Messer in dünne Scheiben schneiden, die Scheiben mit dem Messerrücken flachstreichen und auf einen großen Teller legen.

2 Für die Marinade den Bockshornkleesamen im Mörser fein zermahlen. Die Koriandersaat im Mörser grob zerstoßen. Beides mit 1 TL Schwarzkümmel, Paprika- und Chilipulver, Olivenöl und Essig zu einer Marinade verrühren, 1 TL Meersalz und Pfeffer unterrühren. Die Marinade gleichmäßig über das Fleisch träufeln und das Fleisch 1–2 Std. durchziehen lassen.

3 Zum Servieren die Fleischscheiben auf sechs Teller verteilen. Mit 1 TL Schwarzkümmelsamen und Petersilienblättern bestreuen. Das Olivenöl darüberträufeln. Die Chilischoten und je einen Klecks Hummus daraufgeben. Das Fladenbrot dazu servieren.

✱ Tipp *Die Fleischscheiben vor dem Marinieren zwischen Klarsichtfolie oder Backpapier mithilfe eines kleinen Topfes leicht plattieren, sodass dünne Scheiben wie beim Carpaccio entstehen.*

FÜR 6 PERSONEN

500 g mageres Rindfleisch *(z. B. Filet oder Entrecôte)*

1 TL Bockshornkleesamen

2 TL Koriandersaat

2 TL Schwarzkümmelsamen

2 TL edelsüßes Paprikapulver

1 TL Chilipulver

2 EL Olivenöl

1 TL Sherryessig

feines Meersalz

schwarzer Pfeffer

1 große Handvoll glatte Petersilienblätter

1 Schuss Extra-Virgin-Olivenöl

12 in Essig eingelegte Chilis

Hummus *(Rezept Seite 135)*

Fladenbrot

Muscheln
mit weißen Bohnen und Safran → *gelingt leicht*

1 Die Muscheln unter kaltem Wasser waschen, geöffnete und beschädigte wegwerfen. Den Knoblauch schälen und fein würfeln. In einer großen Pfanne das Olivenöl erhitzen, den Knoblauch dazugeben und kurz anschwitzen. Mit Sherry ablöschen und den Sud bei starker Hitze um die Hälfte reduzieren. Die Brühe oder Wasser erhitzen, den Safran darin auflösen.

2 Die Muscheln, die Hälfte der Petersilie, die Bohnen und den aufgelösten Safran dazugeben und alles 2–3 Min. dünsten, bis sich die Muscheln geöffnet haben. Geschlossene Muscheln nach dem Dünsten wegwerfen. Die Muscheln mit Meersalz und Pfeffer würzen, sofort anrichten und mit der restlichen Petersilie garniert servieren.

FÜR 6 PERSONEN

1½ kg kleine bis mittelgroße Muscheln

2 Knoblauchzehen

5 EL Olivenöl

200 ml Sherry *(oder Weißwein)*

3 EL Hühner- oder Gemüsebrühe *(Rezepte Seite 30/31)*

30 Safranfäden

2 EL grob gehackte glatte Petersilie

500 g weiße Bohnen *(aus der Dose)*

feines Meersalz

schwarzer Pfeffer

Tom-Yum-Consommé

mit gebratenen Gambas → *etwas aufwendiger*

1 Die Gambas abbrausen, schälen und den Darm entfernen. Die Gambaschalen grob hacken und mit dem Hackfleisch vermengen. Das Gemüse waschen, putzen und im Mixer grob zerkleinern. Frühlingszwiebeln putzen, waschen, in Röllchen schneiden und beiseitelegen. Die Chilischoten waschen, halbieren, putzen und grob hacken. Die Eiweiße leicht verschlagen. Mit Gemüse, Sojasauce, Sesamöl und Fischsauce vermengen. Mit dem Fleisch, den Chilis, den asiatischen Gewürzen und 1 Prise Meersalz gut mischen.

2 Die kalte Bouillon mit der Fleischmasse in einen Topf geben und unter Rühren bei geringer Hitze köcheln lassen, bis das Eiweiß beginnt, fest zu werden und sich eine Schicht an der Oberfläche bildet. Wenn die Schicht an der Oberfläche fest gekocht ist, mit dem Stiel eines Holzlöffels ein Loch hineinstechen und ca. 2 Std. weiterköcheln. Dabei reduziert sich die Flüssigkeit um etwa ein Drittel. Die Oberfläche vorsichtig abheben. Die Consommé durch ein feines Sieb passieren und warm halten.

3 Den Knoblauch schälen und zerdrücken. ½ EL Sonnenblumenöl in einer großen beschichteten Pfanne erhitzen, die Gambas darin 1 Min. anbraten. Den Knoblauch dazugeben. Mit Meersalz und Pfeffer würzen. Die Kräuter waschen und trocken schütteln. Die Consommé in vorgewärmte Suppenteller füllen. Die Gambas darauf verteilen und mit Frühlingszwiebeln, Koriandergrün, Thai-Minze und Thai-Basilikum dekorieren.

✻ Tipp *Beim Kauf der Gambas bestimmt der Preis die Qualität. Wählen Sie immer Salzwassergambas, und wenn es Wildware nicht gibt, dann Gambas aus Biozucht nehmen. Gambas sind ein Luxusprodukt, werden aber leider durch hocheffektive Zuchtmethoden zur Massenware.*

FÜR 6 PERSONEN

- 12 Gambas *(Größenbezeichnung 8/12)*
- 300 g Rinderhackfleisch
- je 30 g Karotten, Petersilienwurzeln und Knollensellerie
- 20 g Frühlingszwiebeln
- 2 kleine rote Chilischoten
- 3 Eiweiße
- 1 EL Sojasauce
- 1 TL Sesamöl
- 1 EL Fischsauce
- je 30 g asiatische Gewürze *(z. B. Zitronengras, Koriandergrün mit Wurzeln, Galgant, Ingwer)*
- 1½ l kalte Hühner- oder Rinderbouillon *(Rezepte Seite 31 und 33)*
- 1 Knoblauchzehe
- ½ EL Sonnenblumenöl
- feines Meersalz
- Pfeffer
- 6 Stängel Koriandergrün
- 6 Stängel Thai-Minze
- 6 Stängel Thai-Basilikum

> »Eine Kraftbrühe zuzubereiten ist die hohe Schule des Kochens. Das tolle Ergebnis rechtfertigt den Aufwand. Mein Rezept ist eine Variante des berühmten asiatischen Klassikers.«

Ein gutes Essen braucht seine Zeit, und die sollten Sie sich zum Nachkochen der Rezepte in diesem Kapitel auch nehmen. Ob Fleisch, Fisch oder ein vegetarisches Gericht, alle wurden mit viel Liebe zum Detail und mit besten Zutaten kreiert – ob mit asiatischem Touch aus Indien oder klassisch auf neue Art, aber immer mit frischen Bioprodukten.

4. HAUPTGERICHTE

→ Fleisch **SEITE 84**   → Fisch **SEITE 108**

→ Vegetarische Gerichte **SEITE 124**

4. HAUPTGERICHTE

→ Fleisch

Asiatisches Fondue

mit Brühe → *gelingt leicht*

1 Die Hühnerbouillon nach dem Grundrezept zubereiten. Schweinefilet und Hühnerbrüste in dünne Scheiben schneiden und anrichten. Die Karotten putzen, schälen und schräg in ca. 4 mm dicke Scheiben schneiden. Mit je ½ TL Meersalz und Zucker vermischen. Den Lauch putzen, gründlich waschen und in 2 cm breite Stücke schneiden. Die Champignons abreiben und putzen. Das Gemüse separat anrichten oder auf kleine Holzspieße stecken.

2 Für die Käsesauce den Frischkäse mit Sherry und Milch glatt rühren. Die Pistazienkerne fein hacken und unter den Frischkäse mischen. Die Sauce in Schälchen geben.

3 Für die Apfelsauce die Äpfel waschen und auf der Gemüsereibe grob raspeln. Die Aprikosenmarmelade mit Zitronen- und Orangensaft und Senf verrühren. Mit Cayennepfeffer und 1 Prise Meersalz abschmecken. Die Apfelraspel unterheben. Die Sauce in ein Schälchen füllen und ziehen lassen.

4 Die Hühnerbouillon in einem Topf erhitzen und durch ein Sieb in einen Fonduetopf gießen. Bei Tisch werden das Fleisch und das Gemüse in der Brühe gegart. Die Brühe kann man zum Schluss trinken.

FÜR 4 PERSONEN

1½ l **Hühnerbouillon**
(Rezept Seite 31)

350 g **Schweinefilet**

350 g **Hühnerbrüste**

250 g **Karotten**

feines Meersalz

Zucker

250 g **Lauch**

250 g **Champignons**

200 g **Doppelrahmfrischkäse**

2 EL **Sherry**

4 EL **Milch**

2 EL **Pistazienkerne**

2 **säuerliche Äpfel**
(z. B. Boskop)

110 g **Aprikosenmarmelade**

5 EL **frisch gepresster Zitronensaft**

5 EL **frisch gepresster Orangensaft**

1 EL **Senf**

Cayennepfeffer

Tandoori-Buttermilch-Lammcarré

mit Morcheln und Salat von roten Linsen → *etwas aufwendiger*

1 Die Tandoori-Paste mit der Buttermilch verrühren. Den Knoblauch schälen, fein hacken und in die Buttermilch geben, mit 1 Prise Meersalz und Pfeffer würzen.

2 Vom Lammcarré die Haut zwischen den Knochen entfernen. Eventuell die Knochen mit dem Messerrücken blank kratzen. Silberhaut und Fettschicht nicht entfernen. Den Thymian waschen und trocken schütteln. Das Fleisch in eine flache Form geben, mit den Thymianzweigen belegen und die Buttermilch darübergießen. Mit Klarsichtfolie abdecken und das Fleisch mindestens 4 Std. oder über Nacht marinieren lassen.

3 Die Kaiserschoten waschen, putzen und halbieren. Mit je 1 Prise Meersalz und Zucker mischen und beiseitestellen. Die roten Linsen abspülen, mit der Brühe aufkochen und bei geringer Hitze 15 Min. köcheln lassen. Die Linsen zum Abkühlen auf einem Blech ausbreiten. Inzwischen die Frühlingszwiebeln putzen, waschen und in dünne Ringe schneiden. Mit den Kaiserschoten unter die Linsen mischen.

4 Den Ingwer schälen und fein reiben. Das Koriandergrün waschen, trocken schütteln und die Blätter abzupfen. Ingwer, Koriandergrün, Limettensaft und Zitronenschale unter die Linsen mischen. Die Linsen mit Meersalz und Pfeffer würzen. Kokosessig und 2 EL Olivenöl unterrühren.

5 Für die Pistaziensauce Milch, Joghurt und Pistazienkerne mit dem Pürierstab fein pürieren. Mit Chilipulver, Orangenschale, Meersalz und Pfeffer abschmecken und die Sauce beiseitestellen.

4. HAUPTGERICHTE
→ Fleisch

6 Den Backofen auf 120 °C (Umluft 100 °C) vorheizen. Die Lammcarrés aus der Marinade nehmen und mit Meersalz und Pfeffer würzen. Etwas Öl in einer großen Pfanne erhitzen, die Lammcarrés darin etwa 3 Min. rundum anbraten. Das Fleisch auf ein Backblech geben, mit Alufolie abdecken und im Backofen (Mitte) in 8 Min. fertig garen.

7 Die Morcheln von den Stielenden befreien und sorgfältig waschen. Die Schalotte schälen und fein würfeln. Den Spinat waschen, verlesen und abtropfen lassen. 1 EL Olivenöl erhitzen, die Morcheln darin 2 Min. anbraten. Mit Meersalz und Pfeffer würzen. Mit Schalottenwürfeln und Schnittlauchröllchen bestreuen.

8 Zum Anrichten jeweils 1 Naan-Brot auf die Teller geben, Linsensalat und Spinat daraufgeben. Die Carrés jeweils in Doppelrippchen schneiden und diese auf den Spinat setzen. Mit der Pistaziensauce beträufeln und die Morcheln um das Fleisch verteilen.

FÜR 6 PERSONEN

2 EL Tandoori-Paste

250 g Buttermilch

4 Knoblauchzehen

feines Meersalz, Pfeffer

2,2 kg Lammcarré mit Knochen

6 Zweige Thymian

100 g Kaiserschoten

Zucker

200 g rote Linsen

200 ml Hühner- oder Gemüsebrühe
(Rezept Seite 30/31)

½ Bund Frühlingszwiebeln

20 g frischer Ingwer

4 Stängel Koriandergrün

Saft von 1 Limette

abgeriebene Schale von ½ ungespritzten Zitrone

½ EL Kokosessig
(Asia-Laden; ersatzweise Weißweinessig)

3 EL Olivenöl

¼ l Milch

150 g Joghurt

100 g Pistazienkerne

1 Msp. Chilipulver

abgeriebene Schale von ½ ungespritzten Orange

neutrales Öl zum Braten
(z. B. Sonnenblumenöl)

100 g Morcheln

1 Schalotte

150 g junger Blattspinat

1 EL Schnittlauchröllchen

6 kleine Naan-Brote
(Fertigprodukt)

Chicken-Tandoori

mit Mangold, Bulgur und Aprikosen-Tomaten-Chutney → *gelingt leicht*

1 Grill vorheizen. Mangold waschen und putzen. Wasser und 1 Prise Meersalz aufkochen lassen. Mangoldblätter darin 30 Sek. blanchieren, herausnehmen, kalt abschrecken, ausdrücken, beiseitestellen. Limette waschen, trocken reiben, vierteln. Alufolie in vier Stücke à 40 cm Länge schneiden. Vier Stücke Backpapier zuschneiden, die an den Seiten 3 cm kürzer sind. Diese abwechselnd gestapelt, mit Alufolie beginnend, beiseitelegen. Für das Chutney die Kirschtomaten kreuzweise einritzen, im Mangoldwasser 20 Sek. blanchieren, herausnehmen, kalt abschrecken und häuten.

2 Orange waschen, trocken reiben, die Schale fein abreiben. Knoblauch und Ingwer schälen, Knoblauch grob und Ingwer fein hacken. Orangenschale mit Knoblauch, Ingwer, Koriandersamen, Chili- und Paprikapulver, Muskat, Schwarzkümmel, 1 TL Meersalz im Mixer kurz und nicht zu fein mixen. Mit 2 EL Joghurt und 1 TL Zitronensaft verrühren. Hühnerbrüste damit bestreichen.

3 Den Fond aufkochen lassen. Petersilie waschen, trocken schütteln und hacken. Bulgur in eine Schüssel geben. 1 EL Olivenöl, Kreuzkümmel, 1 TL Zitronensaft, Petersilie und ¼ TL Meersalz untermischen. Bulgur mit dem Fond mischen und abgedeckt ziehen lassen.

4 Für das Chutney Schalotten schälen, fein hacken. Aprikosen halbieren oder vierteln. Blutorangen auspressen. 1 EL Olivenöl erhitzen, Schalotten darin glasig anschwitzen. Puderzucker und Essig unter Rühren zugeben. Wein zugießen, kurz aufkochen lassen. Tomatenmark und Orangensaft einrühren. Aprikosen zugeben, mit 1 Msp. Meersalz und Pfeffer würzen und 3 Min. köcheln lassen. Kirschtomaten zugeben, Chutney beiseitestellen.

5 Die Hühnerbrüste auf den Grill legen, nach 2 Min. um 45 Grad drehen. Nach weiteren 2 Min. das Fleisch wenden, auf der anderen Seite 2 Min. grillen. Oder das Fleisch in einer Pfanne anbraten. Alufolie mit Backpapier ausbreiten, etwas Mangold in die Mitte geben, mit Meersalz würzen. Hühnerbrüste jeweils auf den Mangold setzen, je ein Limettenviertel dazulegen. Die Seiten einschlagen, über den Brüsten fest verschließen. Die Päckchen etwa 4 Min. auf den Grill legen (oder 5 Min. in den vorgeheizten Backofen bei 180 °C). Die Päckchen öffnen, das Fleisch in der Folie auf ovale Teller geben. Bulgur in Schalen geben, mit etwas Olivenöl beträufeln. Chutney erhitzen, auf Schälchen verteilen und extra dazu servieren. Ein Schälchen mit Joghurt anrichten und dazu reichen.

4. HAUPTGERICHTE
→ Fleisch

FÜR 4 PERSONEN

400 g Blattmangold
feines Meersalz
1 ungespritzte Limette
Alufolie und Backpapier
12 Kirschtomaten
½ ungespritzte Orange
2 Knoblauchzehen
1 Stück frischer Ingwer
(ca. 2–3 cm)
2 EL Koriandersamen
1 TL mildes Chilipulver
2 TL Paprikapulver
½ TL frisch geriebene Muskatnuss
2 TL Schwarzkümmel
(ersatzweise Kreuzkümmel)
Vollmilchjoghurt
1 TL Zitronensaft
4 Hühnerbrüste ohne Haut
300 ml Gemüsefond
(Rezept Seite 30)
½ Bund glatte Petersilie
200 g Bulgur
2 EL Olivenöl
1 TL Kreuzkümmel
1 TL Zitronensaft
4 kleine Schalotten
200 g Aprikosen
(ersatzweise Aprikosenmarmelade)
2 Blutorangen
1 TL Puderzucker
1 TL weißer Balsamico
(oder Weißweinessig)
150 ml Weißwein
½ EL Tomatemark
Pfeffer aus der Mühle
Olivenöl zum Beträufeln

4. HAUPTGERICHTE
→ Fleisch

Asiatische Hackbällchen
in Glasnudeln mit Chinakohl → *braucht Zeit*

1 Den Backofen auf 100 °C (Umluft 80 °C) vorheizen. Die Karotten putzen, schälen und in feine Stücke schneiden. Den weißen Teil des Lauchs putzen, gründlich waschen, längs halbieren und ebenfalls in feine Stücke schneiden. Knoblauch und Ingwer schälen. Gemüse, Knoblauch und Ingwer im Mixer kurz zerkleinern.

2 Das Koriandergrün waschen und trocken schütteln. Einige Blätter zum Garnieren beiseitelegen und die restlichen Blätter grob hacken. Das Toastbrot entrinden und grob würfeln. Gehacktes Koriandergrün mit Toastbrotwürfeln, Hackfleisch, Eiern, Sojasauce und 1 Prise Pfeffer gut vermischen. Die Karotten-Lauch-Mischung dazugeben und untermischen. Aus der Masse mit angefeuchteten Händen 20–24 kleine Bällchen formen.

3 Die Glasnudeln (ohne Einweichen) mit der Küchenschere in ca. 2 cm kleine Stücke schneiden. Frittierfett in einem hohen Topf erhitzen. Den Kohl waschen, putzen, vom mittleren Strunk befreien und in ca. 2 cm große Stücke schneiden. Die Chilischote halbieren, putzen, waschen und fein hacken. Etwas Pflanzenöl in einem Topf erhitzen, die Kohlstücke darin 5–8 Min. anbraten. Mit der Brühe ablöschen, Chili, Fisch- und Austernsauce dazugeben und unter Rühren 2 Min. kochen lassen.

4 Die Fleischbällchen in den Glasnudeln wälzen. Immer sechs Bällchen auf einmal ins heiße Frittierfett geben und in 2–3 Min. ausbacken. Die Bällchen mit einem Schaumlöffel herausnehmen, auf Küchenpapier abtropfen lassen und im Backofen bei 50 °C warm halten, bis die letzten Bällchen gebacken sind. Zum Anrichten den Kohl mit der entstandenen Sauce in vier kleine Schüsseln geben. Die Hackbällchen auf den Kohl geben und mit den beiseitegelegten Korianderblättern garnieren.

FÜR 4 PERSONEN

2 Karotten
(ca. 100 g)

1 Stange Lauch

1 Knoblauchzehe

10 g frischer Ingwer

½ Bund Koriandergrün

2 Scheiben Toastbrot

400 g Rinderhackfleisch
(oder gemischtes Hackfleisch)

2 Eier

3 EL Sojasauce

Pfeffer aus der Mühle

100 g Glasnudeln

500 g Frittierfett

1 kg China- oder Spitzkohl

1 kleine Chilischote

Pflanzenöl

80 ml Gemüsebrühe
(Rezept Seite 30)

1 EL Fischsauce
(Asia-Laden)

2 EL Austernsauce
(Asia-Laden)

4. HAUPTGERICHTE
→ Fleisch

Green Papaya Salad
mit Maispoularde → *braucht Zeit*

1 Die Pak Choys der Länge nach vierteln und gründlich waschen. Die Nüsse hacken. Die Kräuter waschen, trocken schütteln und die Blätter grob hacken. Eventuell die Chilischote längs halbieren, putzen, waschen und fein hacken. Eventuell den Knoblauch schälen und fein hacken. Für die Kruste 1 EL Nüsse mit den Kräutern, eventuell mit Chili und Knoblauch, Zitronenschale, Meersalz und Pfeffer verrühren. Die Haut von den Poulardenbrüsten rundum leicht anheben, nicht lösen. Die Nuss-Kräuter-Masse unter die Haut der Brüste geben.

2 Für das Dressing Chilischote halbieren, putzen, waschen und fein hacken. Die Kräuter waschen, trocken schütteln und die Blätter zerzupfen. Den Knoblauch schälen. 1½ EL Nüsse mit Chili, Knoblauch, gehackten Shrimps, Koriandersamen und Fischsauce im Mörser zu einer Paste verarbeiten. Den Zucker mit Limettensaft in einem kleinen Topf erhitzen. Aufgelösten Zucker mit Sesamöl unter die Paste rühren.

3 Papaya und Karotte schälen und mit einem Streifenschäler, Gemüsehobel oder Sparschäler in feinen Streifen abziehen und in eine große Schüssel geben. Das Verhältnis von Papaya und Karotte sollte etwa 3:1 sein. Papaya- und Karottenstreifen mit dem Dressing gut mischen, dabei leicht »massieren«. Die gezupften Kräuter untermischen.

4 Das Pflanzen- oder Erdnussöl in einer großen Pfanne erhitzen, die Maispoulardenbrüste darin auf der Haut in 4 Min. goldbraun anbraten. Den Pak Choy dazugeben, etwas Wasser oder Brühe angießen und etwa 10 Min. bei mittlerer Hitze ziehen lassen, bis der Kohl und die Hühnerbrüste gar sind.

5 Zum Anrichten Papayasalat und Kohl auf Teller verteilen. Die Hühnerbrüste in Scheiben schneiden und darauf anrichten. Die Bratflüssigkeit aus der Pfanne darüberträufeln.

FÜR 6 PERSONEN

2 junge Pak Choys
(Asia-Laden)

2½ EL ungesalzene Erd- oder Pekannüsse

je 1 Stängel Koriandergrün, Thai-Basilikum und Thai-Minze

evtl. je 1 Chilischote und Knoblauchzehe

abgeriebene Schale von ½ ungespritzten Zitrone

½ TL Meersalz

schwarzer Pfeffer aus der Mühle

2–3 Maispoulardenbrüste mit Haut

1 kleine rote Chilischote

je 3 Stängel Koriandergrün, Thai-Basilikum und Thai-Minze

½ Knoblauchzehe

1 TL fein gehackte getrocknete Shrimps
(Asia-Laden)

½ TL Koriandersamen

1 TL Fischsauce

1 TL Zucker
(oder Palmzucker)

frisch gepresster Saft von ½ Limette

½ EL Sesamöl

1 grüne Papaya

1 große Karotte
(ca. 150 g)

1 EL Pflanzen- oder Erdnussöl zum Braten

Das beste Schnitzel der Welt
mit Kartoffelstücken und Gurkensalat → *gelingt leicht*

1 Die Gurken waschen und mit dem Gemüsehobel in hauchdünne Scheiben hobeln. Die Gurkenscheiben in eine Schüssel geben, mit ½ TL Meersalz und Zucker mischen und ziehen lassen. Die Petersilie waschen, trocken schütteln und die Blätter grob schneiden. Die Zwiebeln schälen und in kleine Würfel schneiden. Die Zitronen waschen, trocken reiben und je nach Größe in Sechstel oder Achtel schneiden.

2 Die Kartoffeln schälen, in grobe Würfel schneiden und in einer Schüssel mit Wasser bedeckt beiseitestellen.

3 Die Semerolle mit einem scharfen Messer von der Silberhaut befreien. Vom dicken Ende aus 6 Schmetterlingsschnitzel schneiden, dabei jeweils 1 dünne Scheibe nicht ganz durchschneiden und dahinter 1 dünne Scheibe durchschneiden. Die Schmetterlingsschnitzel zwischen Klarsichtfolie mit dem Boden einer kleinen Pfanne so plattieren, dass keine Risse entstehen und die Scheiben nicht zu dünn werden. Eier und Milch in einer großen Schüssel verrühren. Mehl und Panko jeweils auf einen Teller geben. Das Fleisch von beiden Seiten mit Meersalz und Pfeffer würzen.

4 Die Kartoffeln abgießen, gut abtropfen lassen und eventuell mit Küchenpapier trocken tupfen. 1 EL Sonnenblumenöl in einer großen Pfanne erhitzen, die Kartoffeln darin unter häufigem Wenden in 15 Min. goldbraun braten.

INFO

Semerolle gibt es nur beim Metzger. Es ist ein Stück Fleisch aus der Hüfte, in Bayern heißt es auch Scherzl. Statt Semerolle kann man auch Kalbsrücken oder Kalbsfilet nehmen.

4. HAUPTGERICHTE
→ Fleisch

5 Etwa nach der Hälfte der Bratzeit der Kartoffeln das Butterschmalz in einer großen beschichteten Pfanne erhitzen. Die Schnitzel erst in Ei, dann in Mehl und zum Schluss in Panko wenden und die Brösel etwas andrücken. Die Schnitzel in die Pfanne geben und bei mittlerer Hitze auf beiden Seite in 2–3 Min. knusprig braten.

6 Die Zwiebeln mit Essig und 1½ EL Sonnenblumenöl verrühren und unter die Gurken mischen. Die Kartoffelstücke aus der Pfanne nehmen und in einem Sieb abtropfen lassen. Die Kartoffeln mit etwas Meersalz würzen. Die Petersilie untermischen. Schnitzel und Kartoffelstücke sofort anrichten. Zitronenspalten und Gurkensalat dazu reichen.

FÜR 6 PERSONEN
2 Salatgurken
feines Meersalz
½ TL Zucker
½ Bund glatte Petersilie
2 kleine weiße Zwiebeln
1–2 ungespritzte Zitronen
1 kg große vorwiegend fest kochende Kartoffeln
750–1000 g Semerolle vom Kalb *(siehe Info)*
2 Eier
100 ml Milch
100 g Mehl
160 g Pankosemmelbrösel *(Asia-Laden)*
frisch gemahlener Pfeffer
2½ EL Sonnenblumenöl
2 EL Butterschmalz
½ EL Weißweinessig

✱ Tipp *Wer mag kann Ketchup, Preiselbeeren oder die Senf-Dill-Sauce vom Zander von Seite 115 in kleinen Schälchen extra dazu reichen.*

4. HAUPTGERICHTE
→ Fleisch

Schweinefilet
mit Wok-Gemüse und Currysauce → *gelingt leicht*

1 Für die Sauce Schalotten und Knoblauch schälen, beides grob hacken. Das Zitronengras mit dem Messerrücken brechen und in Stücke schneiden. Olivenöl in einem Topf erhitzen, Schalotten und Currypaste darin 30 Sek. anschwitzen. Zitronengrasstücke und Knoblauch dazugeben und kurz mit anschwitzen. Mit Weißwein ablöschen, die Brühe dazugießen und einmal aufkochen lassen. Kokosmilch und Fischsauce einrühren. Limettensaft und Speisestärke glatt rühren und unter die Sauce rühren. Die Sauce bei geringer Hitze 10 Min. köcheln lassen und durch ein feines Sieb passieren

2 Das Schweinefilet mit einem scharfen Messer von der Silberhaut befreien. Das Fleisch in etwa 1 cm dicke Scheiben (Medaillons) schneiden. Die Champignons putzen und je nach Größe vierteln. Die Karotte putzen, schälen, der Länge nach halbieren und schräg in 3 mm dicke Stücke schneiden. Den Lauch putzen, der Länge nach halbieren, gründlich waschen und schräg in ½ cm große Stücke schneiden. Die Zucchini waschen, der Länge nach halbieren und schräg in 3 mm dicke Stücke schneiden. Die Frühlingszwiebeln putzen, waschen und ebenfalls schräg in Stücke schneiden. Die Sojasprossen waschen und abtropfen lassen. Pak Choy waschen, putzen und in Stücke schneiden.

3 Einen Wok oder eine große beschichtete Pfanne heiß werden lassen, ½ EL Öl darin erhitzen. Die Fleischstücke mit Meersalz und 1 Prise Zucker würzen, dazugeben und 30 Sek. anbraten. Die Fleischstücke herausnehmen und auf einem Teller beiseitelegen.

4 Wieder ½ EL Öl in den Wok oder die Pfanne geben. Karottenstücke und Champignons dazugeben und 1 Min. braten, die Zucchini hinzufügen und ebenfalls 1 Min. braten. Sojasprossen, Pak Choy und Frühlingszwiebeln dazugeben und alles unter Rühren bei starker Hitze 1 Min. braten. Wok oder Pfanne vom Herd nehmen, Sauce und Fleischstücke untermischen und sofort anrichten.

FÜR 4 PERSONEN

2 Schalotten
2 Knoblauchzehen
3 Stängel Zitronengras
1 EL Olivenöl
1 TL rote Currypaste
(ohne Glutamat)
50 ml Weißwein
200 ml Gemüse- oder Hühnerbrühe
(Rezepte Seite 30/31)
100 ml Kokosmilch
2 EL Fischsauce
(Asia-Laden)
1 EL frisch gepresster Limettensaft
1 TL Speisestärke
600 g Schweinefilet
150 g Champignons
1 große Karotte
1 Stange Lauch
2 Zucchini
3 Frühlingszwiebeln
100 g Sojasprossen
½ Pak Choy
feines Meersalz, Zucker
neutrales Öl zum Braten
(z. B. Sonnenblumenöl)

4. HAUPTGERICHTE
→ Fleisch

Schweinelendchen
mit Chinakohl → *gelingt leicht*

1 Die Schweinelende abspülen, mit Küchenpapier trocken tupfen und mit einem scharfen Messer von der Silberhaut befreien. Das Fleisch erst in etwa 1 cm dicke Scheiben und dann in Streifen schneiden.

2 Für die Marinade den Knoblauch schälen und fein hacken. Mit Sojasauce, Sherry und Honig verrühren. Das Fleisch mit der Marinade vermischen und abgedeckt 1 Std. in den Kühlschrank stellen, dabei ab und zu wenden.

3 Inzwischen den Chinakohl putzen, waschen, vom Strunk befreien, in 3 cm große Stücke schneiden und beiseitestellen. Den Kerbel waschen, trocken schütteln und die Blätter fein hacken. Den Wok oder eine Pfanne heiß werden lassen, das Sesamöl darin erhitzen. Das Fleisch aus der Marinade nehmen, abtropfen lassen, dazugeben und bei mittlerer Hitze unter Rühren 2–3 Min. scharf anbraten.

4 Chinakohl und restliche Marinade zum Fleisch geben und 2 Min. in der Pfanne rühren. Mit je 1 Prise Meersalz und Pfeffer abschmecken. Das Gericht auf eine vorgewärmte Platte geben und mit Kerbel bestreuen. Dazu passt am besten Reis.

FÜR 4 PERSONEN

600 g Schweinelende
2 Knoblauchzehen
3 EL helle Sojasauce
2 EL trockener Sherry *(oder Reiswein)*
1 EL Honig
1 mittelgroßer Chinakohl
1 Bund Kerbel
3 EL dunkles Sesamöl
feines Meersalz
Pfeffer

Lackierte Entenbrust

mit Mangold, Semmelknödel und Portweinsauce → *braucht Zeit*

1 Für die Knödel die Brötchen in feine Scheiben oder Würfel schneiden und in eine Schüssel geben. Knoblauch schälen. Milch aufkochen lassen, 1 Knoblauchzehe, Lorbeerblatt, Pfefferkörner und Wacholderbeeren dazugeben und 10 Min. ziehen lassen. Zwiebel schälen, fein würfeln. Die Milch durch ein Sieb über das Brot gießen, alles mischen und zugedeckt 30 Min. ziehen lassen.

2 Butter in einer Pfanne erhitzen, die Zwiebel darin kurz anschwitzen und zur Brötchenmasse geben. Petersilie, Ei, Mehl, Meersalz, Pfeffer und Muskat dazugeben, gut durchkneten. Ist der Teig zu klebrig, etwas Mehl zufügen. Mit angefeuchteten Händen 12 gleich große Knödel formen.

3 Für den Lack Sojasauce, Cola, Honig in einem kleinen Topf verrühren und auf zwei Drittel einkochen lassen. Die Gewürze im Mörser zu Pulver verarbeiten und unter den Lack mischen. Die Entenbrüste mit Küchenpapier abtupfen, mit dem Lack einpinseln und 10 Min. marinieren lassen. Vom Mangold den Strunk entfernen, die Blätter von den Stielen befreien. Die Mangoldblätter waschen und beiseitestellen.

4 In einem großen Topf ausreichend Salzwasser aufkochen lassen. Die Knödel darin bei mittlerer Hitze ca. 20 Min. ziehen, nicht kochen lassen. Sobald sie an die Oberfläche steigen, sind sie gar. Mit einem Schaumlöffel herausnehmen und gut abtropfen lassen.

5 Eine beschichtete Pfanne erhitzen. Die Entenbrüste mit der Haut nach unten in die Pfanne geben und bei geringer Hitze ganz langsam in 10 Min. das Fett auslassen, bis die Haut knusprig ist. Die Brüste umdrehen und auf der Unterseite in 2 Min. leicht anbraten. Entenbrüste mit Alufolie abdecken und in der Pfanne ohne Hitze ruhen lassen.

6 Für die Sauce Portwein mit Essig erhitzen und bei starker Hitze um die Hälfte einkochen. Die Brühe dazugeben, aufkochen lassen und auf ein Drittel reduzieren. Mit Meersalz und Pfeffer abschmecken. Falls Lack übrig ist, die Sauce damit verfeinern.

7 Olivenöl in einem großen flachen Topf erhitzen, Mangoldblätter darin 1–2 Min. dünsten. 2 Knoblauchzehen mit dem Messerrücken anstoßen und dazugeben. Mit Meersalz, Pfeffer und Zucker würzen.

8 Zum Anrichten den Mangold in die Mitte der Teller geben. Dabei darauf achten, dass nicht zu viel Wasser im Teller landet. Die Entenbrüste schräg in dünne Scheiben schneiden und auf den Mangold setzen. Die Knödel dazugeben und alles mit der Sauce beträufeln.

---

4. HAUPTGERICHTE
→ Fleisch

FÜR 6 PERSONEN

3 Brötchen vom Vortag
3 Knoblauchzehen
120 ml Milch
1 Lorbeerblatt
4 Pfefferkörner
4 Wacholderbeeren
½ Zwiebel
1 TL Butter
1 EL gehackte Petersilie
1 Ei
1 EL Mehl
feines Meersalz
schwarzer Pfeffer aus der Mühle
frisch geriebene Muskatnuss
300 ml Sojasauce
200 ml Cola
300 g Honig
5 g Koriandersamen
3 g Kardamomsamen
4 g Kreuzkümmel
5 g weiße Pfefferkörner
2 Sternanis
5 Nelken
4 g Wacholderbeeren
6 Entenbrüste
(à 200 g; möglichst Bio und von weiblichen Tieren)
700 g junger Mangold
100 ml Portwein
(ersatzweise Sherry)
1 EL Balsamico
300 ml braune Hühnerbrühe
(Grundrezept Seite 32)
½ EL Olivenöl
1 Prise Zucker

Lammcarré

mit Auberginen-Ratatouille und Schoko-Chili-Sauce → *etwas aufwendiger*

1 Für die Sauce die Knochen klein schneiden. Zwiebel und Knoblauch schälen, Zwiebel grob würfeln. 1 Knoblauchzehe fein hacken, beiseitelegen. Sellerie und Karotten putzen, schälen, klein schneiden. Kräuter waschen, trocken schütteln. Thymianblätter abzupfen. 1–2 EL Olivenöl erhitzen, die Knochen darin anbraten. Zwiebeln, 5 Knoblauchzehen und Gemüse zugeben, braun anbraten. 1 TL Tomatenmark zugeben, kurz anrösten, Kräuter und Lorbeerblätter zugeben. Mit Rotwein und Lammfond auffüllen, aufkochen und 1 Std. köcheln lassen. Durch ein Sieb passieren, die Flüssigkeit auf 150 ml einkochen lassen. Mit Balsamico, Meersalz und Pfeffer würzen. Lammcarrés von Fettschicht und Silberhaut befreien. Die Fettschichten zwischen den Knochen entfernen. Die Knochen mit dem Messerrücken abschaben. Fleisch mit Meersalz, Pfeffer und 1 Prise Zucker würzen und beiseitestellen.

2 Für das Ratatouille die Aubergine waschen, putzen, würfeln. Rote Zwiebel schälen, klein würfeln. 1 EL Olivenöl erhitzen, Zwiebel darin andünsten, mit je 1 Prise Meersalz und Zucker würzen. 1 TL Tomatenmark unterrühren, kurz mitrösten. Portwein zugießen und kochen lassen, bis er fast verdampft ist. Auberginen zugeben, unter Rühren 2–3 Min. kräftig anbraten. Eventuell Anislikör zugeben, unter Rühren 2 Min. kochen lassen. 1 EL Thymianblätter untermischen. Ratatouille warmhalten. Für die Schoko-Chili-Sauce die Schokolade schmelzen lassen. Chilischote längs halbieren, putzen, waschen. Chili und Sahne unter die Schokolade rühren. Die Sauce warmhalten.

3 Für die Kruste den Fenchel putzen, sehr fein schneiden. Mit je 1 Prise Meersalz und Zucker und 1 Spritzer Zitronensaft mischen. Kräuter waschen, trocken schütteln und hacken. Mit gehacktem Knoblauch, mis de pain, Eigelben, 2 EL Olivenöl, 1 TL Meersalz und Pfeffer verrühren. Fenchel untermischen.

4 Backofengrill auf 250 °C vorheizen. Lammcarrés mit Küchenpapier abtupfen. 1 EL Olivenöl erhitzen, Fleisch darin rundum 2 Min. anbraten. Fleisch auf einen Teller geben, mit Senf bestreichen. Die Mischung für die Kruste daraufgeben, fest andrücken. Lammcarrés auf einem Backblech und unter dem Backofengrill 3 Min. gratinieren. Fleisch herausnehmen, abgedeckt 2–3 Min. ruhen lassen. Sauce erhitzen, kalte Butter in Stückchen unterrühren. Ratatouille in der Mitte von Tellern anrichten, mit Schoko-Chili-Sauce beträufeln. Die Carrés in Doppelrippchen schneiden, auf die Teller setzen. Lammsauce um das Fleisch herum verteilen, nicht direkt auf die Kruste geben.

FÜR 6 PERSONEN

- 500 g Lammknochen
- 1 Zwiebel *(ca. 100 g)*
- 6 Knoblauchzehen
- 50 g Knollensellerie
- 50 g Karotten
- 1 Zweig Thymian
- 1 Zweig Rosmarin
- 5–7 EL Olivenöl
- 2 TL Tomatenmark
- 3 Lorbeerblätter
- 300 ml kräftiger Rotwein
- ½ l Lammfond *(Glas)*
- 1 EL alter Balsamico
- feines Meersalz
- Pfeffer aus der Mühle
- Zucker
- 1 Aubergine
- 1 rote Zwiebel
- 1 EL roter Portwein
- evtl. 1 TL Anislikör
- 1 EL Thymianblätter
- 50 g Blockschokolade
- 1 kleine rote Chilischote
- 1 EL Sahne
- 1,5 kg Lammcaréé
- 1 große Fenchelknolle
- 1 Spritzer Zitronensaft
- 8 Stängel Kräuter *(z. B. Petersilie, Kerbel, Estragon oder Basilikum)*
- 50 g mis de pain, weiche Semmelbrösel oder fein geschnittenes Knödelbrot
- 2 Eigelbe, 1 EL Senf
- 20 g kalte Butter

 **Tipp** *Dazu passen gedünstetes Blattgemüse und in Butter geschwenkte Gnocchi.*

Pichelsteiner »Osso Buco«
mit Wurzel- und Blattgemüse → *gelingt leicht*

1 Die Rinderbeinscheiben kalt abspülen und trocken tupfen. Das Fleisch um die Knochen herum abschneiden und grob würfeln. Die Knochen beiseitestellen. Karotten und Petersilienwurzeln putzen und schälen. Die Karotten in dicke Stifte und die Petersilienwurzeln in ca. ½ cm dicke Scheiben schneiden. Zwiebeln und Knoblauch schälen. Die Zwiebeln in feine Würfel schneiden. 2 Knoblauchzehen etwas zerdrücken, die restliche fein würfeln.

2 Die Fleischstücke mit Meersalz und Pfeffer würzen und mit dem Mehl vermischen. Das Sonnenblumenöl in einem großen flachen Topf erhitzen. Das Fleisch darin rundherum in 5 Min. braun anbraten. Zwiebeln und die Hälfte des zerdrückten Knoblauchs dazugeben und kurz mitbraten. Das Wurzelgemüse dazugeben und 2–3 Min. anbraten. Das Tomatenmark unterrühren und kurz anrösten. Den Rotwein dazugießen, alles verrühren, aufkochen und kurz einkochen (reduzieren) lassen. Mit 300 ml Wasser aufgießen. Lorbeerblätter, Wacholderbeeren, Rosmarin und die beiseitegestellten Knochenstücke dazugeben. Alles aufkochen lassen und zugedeckt bei geringer Hitze 1 Std. schmoren lassen.

3 Für die Garnitur die Petersilie waschen, trocken schütteln und die Blätter fein schneiden. Mit Zitronenschale, Knoblauchwürfeln, grobem Meersalz, 1 EL Olivenöl, 1 Prise Pfeffer und eventuell frisch geriebenem Meerrettich verrühren.

4 Den Strunk vom Mangold abschneiden, die Blätter waschen und in grobe Streifen schneiden. In einer Pfanne 1 EL Olivenöl erhitzen. Den restlichen zerdrückten Knoblauch dazugeben und die Mangoldstreifen anbraten. Mit Meersalz, Pfeffer und Zucker würzen und alles bei starker Hitze 1 Min. dünsten. Eintopf und Mangold auf Teller verteilen und mit der Mischung für die Garnitur bestreuen.

FÜR 4 PERSONEN

ca. 1,5 kg Rinderbeinscheiben

200 g Karotten

150 g Petersilienwurzeln

2 rote Zwiebeln

3 Knoblauchzehen

feines Meersalz

schwarzer Pfeffer

½ EL Mehl

1 EL Sonnenblumenöl

1 EL Tomatenmark

80 ml Rotwein

2 Lorbeerblätter

5 Wacholderbeeren

1 EL fein gehackte Rosmarinnadeln

3 Stängel glatte Petersilie

abgeriebene Schale von ½ ungespritzten Zitrone

½ EL grobes Meersalz

2 EL Olivenöl

evtl. 1 TL frisch geriebener Meerrettich

300 g Mangold *(ohne Stiele)*

1 Prise Zucker

Saltimbocca
mit Spinat und Hokkaido-Pfifferling-Salsa → *braucht Zeit*

1 Den Spinat waschen, verlesen und trocken schleudern. Die Pfifferlinge in einen Topf geben, mit dem Mehl bestäuben, mit kaltem Wasser bedecken, etwas mischen und 1 Min. stehen lassen. Die Pilze aus dem Wasser nehmen, leicht ausdrücken und auf Küchenpapier trocknen lassen. Die Pfifferlinge je nach Größe halbieren oder vierteln. Die getrockneten Tomaten waschen, mit Kapern und 1 EL Olivenöl im Mixer oder mit dem Pürierstab zu einem Pesto pürieren.

2 Für die Salsa den Kürbis waschen, polieren, halbieren und die Kerne mit einem Esslöffel entfernen. Die Kürbishälften samt Schale vierteln und die Viertel in ca. 5 cm große Würfel schneiden. Die Schalotten schälen und fein würfeln. Die Petersilie waschen, trocken schütteln und die Blätter abzupfen. 1 EL Olivenöl in einer Stielkasserolle erhitzen, die Kürbiswürfel darin 3 Min. andünsten, mit Meersalz und Pfeffer würzen. Die Schalottenwürfel, Essig und 1 kleine Kelle Brühe dazugeben und das Tomaten-Pesto unterrühren. Zugedeckt 5 Min. kochen lassen. Die Petersilienblätter untermischen.

3 In einer Wokpfanne 1 TL Olivenöl erhitzen, die Pfifferlinge darin anbraten, mit Salz und Pfeffer würzen. 1 TL Olivenöl und etwas Brühe unter den Kürbis rühren, die Pfifferlinge dazugeben und untermischen. Die Wokpfanne vom Herd nehmen.

4 Den Knoblauch schälen und zerdrücken. Den Salbei waschen, trocken schütteln und die Blätter abzupfen. Die Butter in einer großen Pfanne erhitzen, Knoblauch und Spinat darin kurz andünsten und mit Meersalz und Pfeffer würzen.

5 Etwas Pflanzenöl in einer großen Pfanne erhitzen. Die Schnitzel mit Salz und Pfeffer würzen, mit etwas Salz und Pfeffer darin goldbraun anbraten. Die Schnitzel wenden, Schinken und Salbei darauf verteilen und herausnehmen. ½ TL Zucker in die Pfanne geben und Essig abglasieren. Zum Anrichten den Spinat in die Mitte von tiefen Tellern geben. Jeweils ein Schnitzel daraufsetzen und die Hokkaido-Pfifferling-Salsa außenherum verteilen.

FÜR 6 PERSONEN

500 g junger Blattspinat
250 g Pfifferlinge
3 EL Mehl
ca. 60 g getrocknete Tomaten
1 TL Kapern
3 EL Olivenöl
1 kleiner Hokkaidokürbis
2 Schalotten
3 Stängel glatte Petersilie
feines Meersalz
schwarzer Pfeffer aus der Mühle
1 TL Weißweinessig
Kalbsbrühe
(oder Hühnerbrühe, Rezept Seite 31)
1 Knoblauchzehe
1 kleiner Bund Salbei
1 TL Butter
Pflanzenöl zum Braten
6 Kalbschnitzel
(à 150 g)
6 Scheiben Prosciutto
Zucker
2 TL Balsamico

Rosa gebratenes Schweinefilet

mit Quitten, glasiertem Treviso und Schwarzwurzel-Chips → *braucht Zeit*

1 Für die Chips die Schwarzwurzeln schälen, gut spülen und mit einem Schäler längs in lange Streifen schneiden. Das Rapsöl in einer Pfanne erhitzen, die Schwarzwurzelstreifen darin in 30 Sek. zu Chips backen. Die Chips auf Küchenpapier abtropfen lassen.

2 Die Schweinefilets waschen, trocken tupfen und die Silberhäutchen entfernen. Die Filets mit Salz und Pfeffer würzen. Die Quitten schälen, halbieren und mit einem kleinen scharfen Messer das Kerngehäuse entfernen. Die Quitten in Spalten schneiden, in eine Schüssel geben und mit Zitronensaft vermengen. Den Treviso längs in sechs Segmente schneiden, putzen und waschen.

3 Den Puderzucker in einer beschichteten Pfanne bei geringer Hitze karamellisieren lassen. Die Butter dazugeben und ebenfalls schmelzen lassen. Die Quittenspalten hinzufügen und bei mittlerer Hitze unter Wenden so lange braten, bis sie goldbraun sind. Ingwer, Essig und Apfelsaft dazugeben und bei kleiner Hitze 4 Min. köcheln lassen. Die Rosmarinzweige dazugeben. Die Quitten mit Pfeffer würzen. Vom Herd nehmen und warm halten.

4 Das Sonnenblumenöl in einer großen Pfanne erhitzen, die Filets darin rundherum etwa 3 Min anbraten. Die Schweinefilets auf einen Teller geben, mit Alufolie abdecken und auf dem Herd an einer warmen Stelle ruhen lassen.

5 Die Treviso-Segmente mit dem Olivenöl in die heiße Pfanne vom Fleisch geben und den Honig unterrühren. Mit Balsamico und Orangensaft ablöschen. Die Segmente mehrmals wenden und mit 1 Prise Meersalz würzen. Zum Anrichten die Treviso-Stücke in die Mitte der Teller geben. Die Schweinefilets in Scheiben schneiden und daraufsetzen. Die Quittenstücke samt Saft außenherum verteilen. Die Schwarzwurzel-Chips auf das Fleisch setzen.

FÜR 6 PERSONEN

5 Stangen Schwarzwurzeln
3 EL Rapsöl
3 Schweinefilets *(à 250 g)*
feines Meersalz
schwarzer Pfeffer
2 Quitten
Saft von ½ Zitrone
1 Kopf Treviso
1 EL Puderzucker
½ EL Butter
3 Scheiben frischer Ingwer
2 EL Apfelessig
100 ml Apfelsaft
2 Zweige Rosmarin
½ EL Sonnenblumenöl
1 TL Olivenöl
1 TL Honig
½ EL Balsamico
½ EL Orangensaft

4. HAUPTGERICHTE

→ Fisch

4. HAUPTGERICHTE
→ Fisch

Bananen-Lachs-Pizza → *gelingt leicht*

1 Den Backofen auf 180 °C (Umluft 160 °C) vorheizen. Die Pizzaböden dünn mit Pizzasauce bestreichen, dabei einen Rand von ca. 1 cm freilassen. Den Mozzarella abtropfen lassen, mit den Händen in kleine Stücke reißen und auf der Tomatensauce verteilen.

2 Das Basilikum waschen, trocken schütteln und die Blätter abzupfen. Die Bananen schälen und in dünne Scheiben schneiden. Den Lachs in kleine Würfel schneiden.

3 Die Basilikumblätter, Bananenscheiben und Lachsstückchen auf den Pizzaböden verteilen. Mit Meersalz, Pfeffer und Oregano würzen. Die Ränder mit 1 EL Olivenöl bestreichen und 2 TL Olivenöl über die Pizza träufeln. Im Backofen (Mitte) 10–12 Min. backen. Die Pizzen herausnehmen und sofort servieren.

FÜR 2 PERSONEN

2 Vollwertpizzaböden

150 ml Pizzasauce
(Bioladen)

120 g Mozzarella
(Bioladen)

2 Stängel Basilikum

2 reife Bananen

180 g Lachsfilet
(frisch oder tiefgekühlt)

feines Meersalz

schwarzer Pfeffer aus der Mühle

getrockneter Oregano

Olivenöl

4. HAUPTGERICHTE
→ Fisch

Lachsrücken mit Chop Suey,
Räucherspeck und Grapefruit-Rosmarin-Vinaigrette → *gelingt leicht*

1 Den Pak Choy putzen, vom Strunk befreien, die Blätter ablösen, waschen und in Stücke schneiden. Die Champignons putzen und vierteln. Die Zuckerschoten waschen und die Enden abschneiden. Die Frühlingszwiebeln putzen, waschen und schräg in 2 cm lange Stücke schneiden. Die Sprossen waschen und abtropfen lassen. Den Sesam in einer kleinen Pfanne ohne Fett rösten. Den Speck klein würfeln.

2 Das Lachsfilet in 4 Portionen schneiden. Mit einem Messer die dunklen Stellen an der Unterseite so entfernen, dass die Stücke rundherum rosa sind. Mit 1 Prise Meersalz, Pfeffer, Zucker und Togarashi würzen.

3 Für die Vinaigrette die Grapefruits wie einen Apfel samt weißer Haut schälen. Die Filets zwischen den Trennhäutchen mit einem scharfen Messer herauslösen, dabei den Saft auffangen. Den Rosmarin waschen, trocken schütteln und die Nadeln abstreifen. 1 EL Olivenöl in einem kleinen Topf erwärmen, die Grapefruitfilets samt Saft und Rosmarinnadeln dazugeben und erwärmen. Mit 1 Prise Meersalz und Pfeffer würzen.

4 Einen Wok oder eine große beschichtete Pfanne heiß werden lassen, ½ EL Olivenöl dazugeben und erhitzen. Den Lachs darin bei mittlerer Hitze von beiden Seiten 2 Min. anbraten. Aus der Pfanne nehmen, auf einen vorgewärmten Teller setzen und mit Alufolie abdecken. Die Hitze erhöhen, erst den Räucherspeck, dann die Champignons und das restliche Gemüse in den Wok oder in die Pfanne geben und kräftig in dem Fischbratfett schwenken. Das Gemüse mit Sojasauce und Sesamöl abschmecken und in die Mitte von vorgewärmten Tellern geben. Die Lachsstücke daraufsetzen. Die Grapefruit-Vinaigrette und die Grapefruitfilets außenherum verteilen. Mit Sesam bestreuen.

FÜR 4 PERSONEN

1 Pak Choy
(Asia-Laden; oder Chinakohl)

100 g Champignons

100 g Zuckerschoten
(oder grüner Spargel)

2 Frühlingszwiebeln

100 g Sojasprossen

1 EL weiße Sesamsamen

120 g Räucherspeck

600 g Lachsfilet
(ohne Gräten und Haut)

feines Meersalz

schwarzer Pfeffer
aus der Mühle

1 Prise Zucker

½ TL Togarashi
(Rezept Seite 39)

1–2 Pink Grapefruits
(oder Blutorangen)

1 Zweig Rosmarin

1½ EL Olivenöl

½ EL Sojasauce
(ohne Glutamat)

½ EL Sesamöl

»Dieses Lachsrezept stammt aus meiner Zeit im ›toqué!‹. Es ist ein schnelles Wok-Gericht, das ich seit Jahren in allen möglichen Varianten, vor allem was die Pilze betrifft, immer wieder neu entdecke. Ich finde, mit Lachs schmeckt es am besten. Es ist ein perfektes Gericht für alle, die glauben, dass sie eigentlich keinen Lachs mögen…«

4. HAUPTGERICHTE
→ Fisch

Pochierter Seeteufel
mit Kartoffelcroûtons und Meerrettich-Crème-Fraîche → *gelingt leicht*

1 Das Suppengemüse putzen, waschen und in grobe Stücke schneiden. Den Knoblauch schälen. Für den Pochierfond (Court Bouillon) beides mit 1 l Wasser, Weißwein, Pfefferkörnern, Lorbeerblatt, eventuell Fenchelsamen und Essig in einen Topf geben, aufkochen und bei mittlerer Hitze 5–10 Min. köcheln lassen. Dann die Temperatur auf 70 °C reduzieren.

2 Für die Sauce die Petersilie waschen, trocken schütteln und die Blätter fein schneiden. Mit Meerrettich, Essig, Zitronensaft, Senf und Crème fraîche in einer Schüssel verrühren. Mit Meersalz und Pfeffer abschmecken.

3 Inzwischen die Kartoffeln schälen und in ca. ½ cm große Würfel schneiden. Die Seeteufelfilets mit Meersalz würzen und 5 Min. ruhen lassen. Das Olivenöl in einer großen beschichteten Pfanne erhitzen, die Kartoffelwürfel darin rundherum 8 Min. braten, bis sie goldbraun und knusprig sind.

4 Die Seeteufelfilets in den Pochierfond geben und darin 4–6 Min. ziehen, aber nicht kochen lassen. Die Fischstücke mit einem Schaumlöffel aus dem Fond nehmen und sofort mit den Kartoffeln auf vorgewärmten Tellern anrichten. Die Sauce in Klecksen daraufgeben.

FÜR 6 PERSONEN
1 Bund Suppengemüse
2 Knoblauchzehen
200 ml Weißwein
1 TL Pfefferkörner
1 Stück Lorbeerblatt
evtl. ½ TL Fenchelsamen
1 TL Weißweinessig
½ Bund glatte Petersilie
2 EL frisch geriebener Meerrettich
(oder aus dem Glas)
1 EL Weinessig, rot oder weiß
2 Spritzer Zitronensaft
1 TL scharfer Senf
250 g Crème fraîche
feines Meersalz
schwarzer Pfeffer aus der Mühle
4 große Kartoffeln
6 Seeteufelfilets ohne Haut
(à ca. 150 g)
1 EL Olivenöl

✱ Tipp *Als Beilage passen am besten Mangoldgemüse, frischer oder tiefgekühlter Spinat gedünstet oder Blattsalat mit Pinienkern-Vinaigrette (Rezept Seite 40) dazu.*

Gebratenes Zanderfilet

mit Kartoffelkuchen, Spinat und Senf-Dill-Sauce → *gelingt leicht*

1 Für den Kartoffelkuchen die Kartoffeln waschen und mit Schale in Salzwasser in 20 Min. halb garen. Inzwischen den Schnittlauch waschen, trocknen und in feine Röllchen schneiden. Die Kartoffeln mit einer Gabel einstechen. Sie sollten außen weich und innen noch recht hart sein. Kartoffeln abgießen, heiß pellen und auf der Kastenreibe grob in eine große Schüssel reiben. Mit Speisestärke verrühren und salzen. Den Schnittlauch untermischen.

2 Die Kartoffelmasse auf ein 40 cm langes Stück Klarsichtfolie streichen, mithilfe der Folie aufrollen und die Enden wie ein Bonbon zusammendrehen. Die Kartoffelrolle in ca. 2 cm dicke Scheiben schneiden.

3 Den Spinat waschen, putzen, verlesen, von den groben Stielen befreien und abtropfen lassen. Den Knoblauch schälen. Den Fisch in 6 große oder 12 mittelgroße Stücke schneiden und die Haut quer einritzen. Die Fischstücke salzen.

4 Für die Sauce den Senf mit Crème fraîche, saurer Sahne, Dill, Honig und 1 TL Zitronensaft verrühren. Mit Meersalz und Pfeffer würzen.

5 ½ EL Öl in einer großen beschichteten Pfanne erhitzen, die Kartoffelscheiben dazugeben und bei mittlerer Hitze auf jeder Seite 1 Min. goldbraun braten. In der Pfanne beiseitestellen und warmhalten.

6 ½ EL Öl in einem Topf erhitzen, Spinat und Knoblauch dazugeben und 1 Min. bei mittlerer Hitze dünsten. Mit je 1 Prise Meersalz und Muskatnuss würzen. Falls noch viel Wasser im Topf ist, den Spinat kurz in ein Sieb geben und über dem Topf abtropfen zu lassen.

7 In einer zweiten großen beschichteten Pfanne je 1 TL Öl und Butter erhitzen. Die Fischstücke dazugeben und zuerst auf der Hautseite bei mittlerer Hitze 2 Min. braten, dann wenden und auf der anderen Seite 1 Min. braten. Mit Worcestersauce und restlichem Zitronensaft ablöschen.

8 Zum Anrichten je 1 Scheibe Kartoffelkuchen in die Mitte der Teller legen. Den Spinat drumherum verteilen, die Fischfilets auf die Kartoffelkuchen setzen und die Sauce kreisförmig außenherum träufeln.

4. HAUPTGERICHTE
→ Fisch

FÜR 6 PERSONEN

3 mittelgroße, mehlig kochende Kartoffeln

feines Meersalz

1 kleines Bund Schnittlauch

1 TL Speisestärke

500 g Blattspinat

1 Knoblauchzehe

1 kg Zanderfilet
(entgrätet; mit oder ohne Haut, je nach Vorliebe)

1 TL süßer Senf

2 EL Crème fraîche

2 EL saure Sahne

1 EL gehackter Dill

1 TL Honig

1 TL + 1 Spritzer Zitronensaft

neutrales Öl zum Braten
(z. B. Sonnenblumenöl)

frisch geriebene Muskatnuss

1 TL Butter

1 Spritzer Worcestersauce

INFO

Das Wenden des Fischfilets in Mehl verhindert, dass die Temperatur im Inneren der Filets 70 °C erreicht. Fischeiweiß gerinnt bei dieser Temperatur und drückt dann in den Zellen eingelagertes Wasser nach außen. Das Ergebnis wäre ein trockener und geschmacksarmer Fisch.

4. HAUPTGERICHTE
→ Fisch

Olivenöl-Confit vom Wildlachs,
Paprika, Chorizo und Kräutersalat mit Kartoffelchips → *gelingt leicht*

1 Den Backofen auf 250 °C vorheizen. Die Paprikaschoten halbieren, putzen und waschen. Die Paprikahälften mit der Schnittfläche nach unten auf ein Backblech legen und im Backofen (Mitte) rösten, bis die Haut Blasen wirft und beginnt, braun zu werden. Herausnehmen, mit einem feuchten Tuch abdecken und abkühlen lassen. Die Haut abziehen, die Paprikahälften in grobe Stücke schneiden und beiseitestellen.

2 Die Kartoffeln schälen, in kleine Stücke schneiden und in 10 Min. garen. Die Kartoffeln abgießen und durch die Kartoffelpresse drücken. Den Backofen auf 150 °C vorheizen. Das Backblech mit Backpapier belegen. Die Oliven fein hacken. Oliven und Eiweiß zu den Kartoffeln geben und untermischen. Die Kartoffelmasse in 6 Portionen teilen, in größerem Abstand auf das Blech setzen und mit einem Spachtel zu dünnen Kreisen ausstreichen. Im Backofen (Mitte) backen, bis sie knusprig sind.

3 Von der Chorizo die Haut entfernen und die Wurst in dünne Scheiben schneiden. Die Kräuter waschen, trocken schütteln und die Blätter abzupfen. Die Petersilienstängel beiseitelegen. Das Lachsfilet eventuell entgräten, in kleine Portionen à 50–60 g schneiden und mit Küchenpapier trocken tupfen. Mit Salz, etwas Zucker, Pfeffer und Zitronenschale einreiben und 5 Min. ruhen lassen. Den Rosmarin waschen, trocken schütteln und die Nadeln abstreifen. Die Chilischote waschen.

4 200 ml Olivenöl in einem großen flachen Topf auf etwa 70 °C erhitzen, die Filets, die Rosmarinnadeln, die ganze Chilischote und die Petersilienstängel dazugeben und 6 Min. braten.

5 Inzwischen 1 EL Olivenöl in einem kleinen Topf erhitzen, die Chorizo-Scheiben dazugeben, ganz kurz anrösten und sofort herausnehmen. Die Paprikastücke in den Topf geben und 1 Min. anschwitzen. Mit Meersalz und Pfeffer würzen. Orangensaft, Brühe, Petersilienblätter und Chorizo-Stücke dazugeben und 1 Min. köcheln lassen. Mit Essig abschmecken.

6 Die restlichen Kräuter in die Mitte der Teller setzen. Die Lachsstücke mit einem Schaumlöffel aus dem Öl heben und auf den Salat setzen. Die Paprikaschmelze mit den Chorizo-Scheiben außenherum verteilen. Die Chips dazu servieren.

FÜR 6 PERSONEN

2 rote Paprikaschoten

300 g fest kochende Kartoffeln

2 EL schwarze Oliven ohne Stein

1 Eiweiß

ca. 80 g Chorizo *(spanische Paprikawurst)*

200 g gemischte Kräuter *(z. B. Kerbel, Petersilie, Wildkräuter, Rucola, Mizuna, Brunnenkresse)*

300–400 g Wildlachsfilet *(ersatzweise Lachsfilet oder Schnepel)*

1 TL feines Meersalz

etwas Zucker

½ TL schwarzer Pfeffer aus der Mühle

abgeriebene Schale von ½ ungespritzten Zitrone

1 Zweig Rosmarin

½ rote Chilischote

200 ml Extra-Virgin-Olivenöl

1 EL Olivenöl

1 EL Orangensaft

etwas Brühe

1 TL weißer Balsamico *(oder Sherry-Essig)*

Backpapier für das Blech

4. HAUPTGERICHTE
→ Fisch

Rare Tuna
mit Beluga-Linsen-Salat und Choy-Gemüse → *gelingt leicht*

1 Zitronenschale mit Meersalz, Zucker, Rosmarin und Pfeffer mischen. Den Tuna in 4 Portionen schneiden, in der Salz-Zitrus-Mischung wenden und 5 Min. ruhen lassen.

2 Inzwischen die Frühlingszwiebeln putzen, waschen und in Ringe schneiden. Die Karotten putzen, schälen und fein würfeln. Den Staudensellerie putzen, waschen und ebenfalls in feine Würfel schneiden. Den Knoblauch schälen und zerdrücken. Die Chilischote längs halbieren, putzen, waschen und klein schneiden. Die Limette auspressen. Den Estragon waschen, trocken schütteln und die Blätter abzupfen.

3 1 EL Olivenöl in einem Topf erhitzen, Karotten, Staudensellerie und Knoblauch dazugeben und kurz anschwitzen. Die Linsen dazugeben und unterrühren. Nach und nach 300 ml Brühe dazugießen und die Linsen in 15 Min. garen. Mit Limettensaft, Ingwer, Chili und Estragon abschmecken.

4 Vom Choy den Strunk entfernen, die Blätter waschen und abtropfen lassen. Die Schalotten schälen und klein würfeln. 1 TL Olivenöl in einer Pfanne erhitzen, den Tuna darin auf beiden Seiten 2 Min. heiß anbraten. Aus der Pfanne nehmen und ruhen lassen. In derselben Pfanne den Choy und die Schalottenwürfel kurz anbraten und mit 50 ml Brühe ablöschen. Die Frühlingszwiebeln unter die Linsen mischen. Die Linsen auf Teller verteilen, den Choy daraufgeben und je 1 Scheibe Tuna obendrauf setzen.

FÜR 4 PERSONEN

abgeriebene Schale von
1 ungespritzten Zitrone

½ EL grobes Meersalz

1 Prise Zucker

1 TL gehackte Rosmarinnadeln

Pfeffer aus der Mühle

400 g Tuna in Sushi-Qualität
(ersatzweise Lachs, weißer Heilbutt oder Kabeljau)

2 Frühlingszwiebeln

80 g Karotten

80 g Staudensellerie

1 Knoblauchzehe

1 kleine rote Chilischote

1 Limette

1 Stängel Estragon

1 EL + 1 TL Olivenöl

200 g Beluga-Linsen

350 ml Hühnerbouillon
(Rezept Seite 31)

½ TL frisch geriebener Ingwer

180 g Choy San
(oder Pak Choy)

2 Schalotten

Lachs
mit Fenchelsalat und Majoransauce → *gelingt leicht*

1 Den Lachs trocken tupfen und in 6 Portionen teilen. Thymian, Koriandersamen, Salzzitronenschale, Chilipulver und grobes Meersalz in einem Mörser zerstoßen und die Mischung auf einen Teller geben. Den Lachs zum Würzen darin wenden.

2 Für die Majoransauce die Kapern fein hacken. Die Zitrone auspressen. Den Majoran waschen, trocken schütteln und die Blättchen fein schneiden. Die Kapern mit Zitronensaft, Majoran, Essig, 8 EL Olivenöl und Honig verrühren. Mit 1 Prise feinem Meersalz abschmecken.

3 Für den Salat den Fenchel waschen und mit dem Gemüseschäler die äußere Schicht entfernen. Den Fenchel längs halbieren, vom Strunk befreien und in feine Streifen schneiden. Den Apfel waschen, halbieren, vom Kerngehäuse befreien und die Hälften in dünne Spalten schneiden. Den Staudensellerie putzen, waschen und schräg in dünne Stücke schneiden. Die Kaiserschoten waschen, putzen und halbieren. Radicchio putzen, die Blätter in mundgerechte Stücke zupfen, waschen und trocken schleudern. Brunnenkresse und Rucola waschen, trocken schütteln und die Blätter zerzupfen. Die vorbereiteten Salatzutaten mischen. Limettensaft, 1 EL Olivenöl, feines Meersalz und Pfeffer verrühren und mit dem Salat mischen. Den Salat auf Teller verteilen.

4 Das Öl in einer beschichteten Pfanne erhitzen, den Lachs dazugeben und auf beiden Seiten 2 Min. braten. Den Lachs aus der Pfanne nehmen und kurz ruhen lassen. Den Lachs auf den Salat geben. Die Majoransauce außenherum und über den Fisch träufeln.

FÜR 6 PERSONEN
600 g Lachsfilet
½ EL getrockneter Thymian
1 EL Koriandersamen
Schale von ½ Salzzitrone
(Rezept Seite 36; oder abgeriebene Schale von ½ ungespritzten Zitrone)
1 Msp. Chilipulver
1 TL grobes Meersalz
½ EL Kapern
1 Zitrone
1–2 Zweige Majoran
1 EL Rotweinessig
9 EL Olivenöl
1 TL Honig
feines Meersalz
2 Fenchelknollen
1 Apfel
(z. B. Granny Smith; oder Birne)
3 Stangen Staudensellerie
100 g Kaiserschoten
1 Radicchio
je 1 kleines Bund Brunnenkresse und Rucola
1 EL Limettensaft
schwarzer Pfeffer aus der Mühle
Öl zum Braten

Weißer Heilbutt und grüner Spargel

mit Portobello, Paprika-Sauce und jungen Karotten → *gelingt leicht*

1 Den Spargel waschen, im unteren Drittel schälen und die Enden abschneiden. Die Stangen mit je 1 Prise Meersalz und Zucker bestreuen und beiseitestellen. Die Karotten putzen, schälen, der Länge nach halbieren, ebenfalls mit je 1 Prise Meersalz und Zucker bestreuen und beiseitestellen. Die Schalotten schälen und in feine Ringe schneiden. Die Portobello-Pilze abreiben, putzen und die Lamellen mit einem Löffel entfernen

2 Etwas Olivenöl in einer Pfanne erhitzen, die Portobello-Pilze darin 2 Min. anbraten, dann aus der Pfanne nehmen und mit Meersalz und Pfeffer würzen. Den Backofen auf 250 °C vorheizen.

3 Für die Sauce die Paprikaschoten halbieren, putzen und waschen. Die Paprikahälften mit der Schnittfläche nach unten auf ein Backblech legen und im Backofen rösten, bis die Haut Blasen wirft und beginnt, braun zu werden. Paprika herausnehmen, etwas abkühlen lassen und die Haut abziehen. Dann in grobe Stücke schneiden. 1 EL Olivenöl in einem kleinen Topf erhitzen, die Paprikastücke darin anschwitzen. 100 ml Brühe dazugießen und bei geringer Hitze 5 Min. köcheln lassen. Mit Meersalz, Pfeffer und Togarashi würzen. Die Sauce beiseitestellen

4 Etwas Olivenöl in einer Pfanne erhitzen, die Karotten darin kurz anbraten. Spargel, Schalottenringe und 120 ml Brühe dazugeben, aufkochen und das Gemüse bei geringer Hitze 5 Min. ziehen lassen, bis es gar ist. Mit Meersalz und 1 Prise Zucker würzen.

5 Den Dill waschen, trocken schütteln und grob hacken. Die Heilbuttstücke mit Meersalz und 1 Prise Zucker würzen. Etwas Mehl auf einen Teller geben. Die Fischstücke mit der Oberseite darin bemehlen. 1 EL Olivenöl und die Butter in einer Pfanne erhitzen, die Fischstücke dazugeben und von beiden Seiten 2 Min. braten. Mit Meersalz, Pfeffer und Zitronenschale würzen und den Dill darüberstreuen.

6 Den Spargel in die Mitte der Teller legen, die Fischstücke daraufgeben, das Gemüse um den Fisch verteilen. Die Paprikasauce in dünnen Kreisen außenherum träufeln.

FÜR 6 PERSONEN

500 g grüner Spargel

feines Meersalz, Zucker

1 Bund junge Karotten

2 Schalotten

3 Portobello-Pilze
(oder Champignons)

Olivenöl

3 rote Paprikaschoten

220 ml Hühner- oder Gemüsebrühe
(Rezepte Seite 30/31)

schwarzer Pfeffer aus der Mühle

1 Msp. Togarashi
(Rezept Seite 39; oder Chilipulver)

5 Stängel Dill

1 kg weißer Heilbutt
(vom Fischhändler in Portionen à 160 g schneiden lassen)

Mehl

1 EL Butter

abgeriebene Schale von ½ ungespritzten Zitrone

4. HAUPTGERICHTE
→ Fisch

Mary's Tagliatelle
mit Wodka-Sauce rosé und Meeresfrüchten → *gelingt leicht*

1 Das Olivenöl in einen großen Topf geben und erhitzen. Die Tomaten samt Saft und je 1 Prise Meersalz und Zucker dazugeben, aufkochen und bei mittlerer Hitze 15 Min. köcheln lassen. Die Chilischote waschen und mit dem Lorbeerblatt zu den Tomaten geben und 1 Std. weiterköcheln lassen, dabei zwischendurch immer wieder umrühren.

2 Den Knoblauch schälen und zerstoßen. Die Petersilie waschen, trocken schütteln und die Blätter abzupfen. Einige Stängel beiseitelegen. Die Salzzitrone in grobe Stücke schneiden.

3 Die Tagliatelle in Salzwasser nach Packungsangabe kochen. Etwa 1 Min. vor dem Ende der Garzeit abgießen, abtropfen lassen und auf einem Backblech verteilen. Mit einigen Spritzern Sonnenblumenöl beträufeln und mit einer Nudelzange etwas lockern und mischen.

4 Von den Gambas die Beinchen abschneiden. Mit der Schere oder einem scharfen Messer den Schwanz an der Oberseite einschneiden und den Darm entfernen. Die Gambas waschen, trocken tupfen und jeweils mit 1 Prise Salz würzen. ½ EL Sonnenblumenöl in einer beschichteten Pfanne erhitzen, Gambas und Knoblauch darin von allen Seiten 1 Min. anbraten, kurz ziehen lassen. Salzzitrone und Petersilienstängel dazugeben und 1 Min. mitbraten. Gambas auf vorgewärmte Teller geben. Knoblauch und Petersilienstängel entfernen. Den Bratensatz mit Wodka ablöschen und gut rühren. Die Nudeln und 2 Kellen Tomatensugo dazugeben und rühren. Die Nudeln mit einer Fleischgabel portionsweise aufrollen und zu den Meeresfrüchten auf die Teller setzen. Mit Petersilienblättern garnieren.

FÜR 6 PERSONEN

½ EL Olivenöl

1 Dose geschälte Tomaten
(450 g Einwaage)

feines Meersalz, Zucker

1 kleine rote Chilischote
(ersatzweise 1 Msp. Chilipulver oder Chiliflocken)

1 Lorbeerblatt

1 Knoblauchzehe

½ Bund glatte Petersilie

½ Salzzitrone
(Rezept Seite 36, ersatzweise abgeriebene Schale von ½ ungespritzten Zitrone)

1 kg Tagliatelle
(frisch oder trocken)

Sonnenblumenöl

18 Stück Gambas mit Schale
(Zuchtware oder Wildfang)

1 guter Schuss Wodka

Tipps *Die Tomaten und ihr Saft vermengen sich zu einem Sugo. Vorsicht, der Sugo kann rasch anbrennen! Deshalb immer wieder den Topfboden mit einem Rührlöffel freikratzen. Tomatensugo lässt sich wunderbar vorkochen, am besten gleich in der doppelten Menge. Was nicht gegessen wird, einfach für Spaghetti mit Sauce einfrieren.*

Die Gambas immer zuerst auf der unteren, breiten Seite anbraten, dann wenden und fertig braten.

»Ein tolles Nudelgericht, bei dem jeder Hobbykoch sein gutes Timing unter Beweis stellen kann. Alle Zutaten müssen griffbereit sein. Der Sugo muss heiß bereitstehen.«

4. HAUPTGERICHTE

→ Vegetarische Gerichte

Martini-Risotto

mit Minze und Feigen → *gelingt leicht*

1 Die Zwiebel schälen und fein würfeln. Die Feigen abreiben und in Viertel schneiden. Den Parmesan reiben.

2 75 g Butter in einem Topf schmelzen lassen, die Zwiebel darin glasig dünsten und mit Meersalz leicht würzen. Mit Weißwein ablöschen, aufkochen und kurz einkochen lassen. Den Reis und Wermut dazugeben und 1–2 Min. andünsten. 1 Kelle Gemüsebrühe unter ständigem Rühren mit einem Holzlöffel dazugeben und köcheln lassen, bis die Flüssigkeit aufgesogen ist. Dann wieder 1 Kelle Gemüsebrühe unter ständigem Rühren dazugießen und köcheln lassen. Die Brühe nach und nach so lange unter den Reis rühren, bis nach etwa 20 Min. 1 l Brühe aufgesogen ist und der Risotto eine cremige Konsistenz hat.

3 Den Topf vom Herd nehmen. Die Hälfte der kalten Butter und den Parmesan unterrühren. Die restliche Butter in einer kleinen Pfanne erhitzen, bis sie sich trennt und eine sogenannte »Nussbutter« entsteht (Butter mit nussigem Geschmack). Die Feigenviertel, Zitronen- und Grapefruitsaft, Minzeblätter und Pfeffer dazugeben und unterrühren.

4 Den Risotto mit Meersalz und Pfeffer abschmecken und in die Mitte von vorgewärmten Tellern setzen. Die Feigen-Butter-Mischung außenherum verteilen.

FÜR 4 PERSONEN

1 Zwiebel
4 frische Feigen
75 g Parmesan
75 g Butter
feines Meersalz
⅛ l Weißwein
450 g Rundkornreis
75 ml Wermut
1 l Gemüsebrühe
(Rezept Seite 30)
100 g kalte Butter
schwarzer Pfeffer
etwas Zitronen- und Grapefruitsaft
etwas frische Minze

> »Entscheidend für einen guten vegetarischen Risotto ist ein aromatischer Fond. Deshalb verwende ich für diesen Risotto einen selbst gemachten Gemüsefond. Wichtig ist außerdem, dass man den Risotto immer mit einem Holzlöffel rührt, damit das Reiskorn nicht zerstört wird.«

Spaghetti
mit Schafskäse und Oliven → *gelingt leicht*

1 Die Stielansätze der Tomaten entfernen. Die Tomaten mit kochendem Wasser kurz überbrühen und die Haut abziehen. Die Tomaten in kleine Würfel schneiden. Knoblauch und Schalotte schälen, beides fein hacken. Die Oliven ebenfalls fein hacken. Den Thymian waschen, trocken schütteln und die Blätter fein schneiden.

2 Das Olivenöl in einem Topf erhitzen, Tomaten, Knoblauch und Schalotte dazugeben, aufkochen und bei geringer Hitze köcheln lassen. Eine kleine Stelle auf dem Topfboden freirühren, den Honig dazugeben und etwas karamellisieren lassen. Alles verrühren und mit Meersalz und Pfeffer abschmecken. Die Hälfte von dem Wein dazugeben und die Sauce zugedeckt bei geringer Hitze köcheln lassen, bis die Tomaten verkocht sind.

3 Die Spaghetti in kochendem Salzwasser nach Packungsangabe bissfest kochen, dann abgießen und abtropfen lassen. Den restlichen Wein unter den Sugo rühren. Den Schafskäse dazubröckeln und mit dem Sugo verrühren. Oliven und Thymian dazugeben und untermischen. Die Spaghetti auf tiefe Teller verteilen und mit dem Sugo servieren.

FÜR 4 PERSONEN
8 große, reife Tomaten
1 Knoblauchzehe
1 Schalotte
100 g schwarze Oliven ohne Stein
1 Bund Thymian *(oder Majoran)*
1 EL Olivenöl
1 EL Honig
feines Meersalz
schwarzer Pfeffer aus der Mühle
¼ l Weißwein
500 g Spaghetti
200 g Schafskäse

Kartoffel-Kürbis-Ravioli
mit Zitronennussbutter, Parmesan und Rucola → *gelingt leicht*

1 Für den Ravioliteig die Kartoffeln mit Schale in 25 Min. garen. Inzwischen 50 g Parmesan reiben. Die Kartoffeln abgießen, kurz ausdämpfen lassen, pellen und durch die Kartoffelpresse in eine Schüssel drücken. Mit Mehl, Grieß, Eigelben, Kartoffelstärke und Parmesan gut vermischen. Den Kartoffelteig mit Meersalz, Pfeffer und 1 Prise Muskat abschmecken. Falls der Teig noch feucht erscheint, etwas Grieß untermischen.

2 Für die Füllung den Kürbis schälen und in kleine Stücke schneiden. Den Ingwer schälen und fein reiben. Die Kekse im Mixer oder Blitzhacker zu Bröseln verarbeiten. 1 EL Brösel beiseitestellen. Den Salbei waschen, trocken schütteln und die Blätter abzupfen. Die Kürbisstücke mit ½ EL Butter, Olivenöl und je 1 Prise Meersalz und Zucker in einen Topf geben und 1–2 Min. andünsten. Mit 100 ml Wasser aufgießen und unter mehrmaligem Rühren 15 Min. kochen, bis die Kürbisstücke weich sind. Den Kürbis abgießen und mit einer Gabel pürieren oder durch die Kartoffelpresse drücken. Das Kürbispüree mit Ingwer und den Keksbröseln verrühren. Mit Meersalz und Pfeffer abschmecken.

3 In einem großen Topf Salzwasser aufkochen lassen. Den Kartoffelteig auf einer bemehlten Arbeitsfläche ca. ½ cm dick ausrollen. Mit einem runden Ausstechförmchen 24 Kreise ausstechen. 12 Kreise mit je 1 Salbeiblatt belegen und darauf einen Klecks Füllung geben. Die Ränder mit Wasser bepinseln, die restlichen Kreise darüberklappen und fest andrücken. Die Ravioli mit einem Pfannenwender in das köchelnde Wasser geben und 1 Min. ziehen lassen, bis sie an die Oberfläche steigen. Weitere 30 Sek. ziehen lassen, mit einem Schaumlöffel herausheben und in einer Schüssel mit kaltem Wasser abschrecken. Ravioli aus dem Wasser nehmen und mit dem Ausstecher nachschneiden, sodass sie wieder schön rund sind.

4 Den Rucola waschen und trocken schütteln. Die Kürbiskerne in einer kleinen Pfanne ohne Fett rösten. 20 g Butter in einer beschichteten Pfanne erhitzen, bis sie braun ist. Den restlichen Salbei, Biscotti-Brösel, Zitronenschale und Ravioli dazugeben und alles vorsichtig erwärmen. Den Rucola hinzufügen. Mit Meersalz, Pfeffer und Balsamico abschmecken. Die Ravioli auf Teller verteilen. Den Parmesan mit einem Sparschäler in Spänen über die Ravioli hobeln. Mit Kürbiskernen bestreuen und ein paar Tropfen Kürbiskernöl auf die Teller träufeln.

4. HAUPTGERICHTE
→ Vegetarische Gerichte

FÜR 4 PERSONEN

750 g mehlige Kartoffeln
150 g Parmesan
50 g Mehl
120 g Hartweizengrieß
3 Eigelbe
1 TL Kartoffelstärke
feines Meersalz
Pfeffer
frisch geriebene Muskatnuss
200 g Kürbis
20 g frischer Ingwer
80 g Biscotti-Kekse *(oder Amarettini)*
1 Bund Salbei
½ EL + 20 g Butter
1 EL Olivenöl
Zucker
150 g Rucola
1 EL Kürbiskerne
1 EL Biscotti-Brösel
20 g Butter
abgeriebene Schale von ½ ungespritzten Zitrone
1 Spritzer Balsamico
etwas Kürbiskernöl
Mehl zum Ausrollen

Petersiliennocken
mit Linsenkompott, Datteln, Rapa und Granatapfelsirup → braucht Zeit

1 Frischkäse (auch das Fertigprodukt) in einem mit einem Tuch ausgelegten Sieb über Nacht abtropfen lassen. Linsen in kaltem Wasser mindestens 6 Std. einweichen. Am nächsten Tag Granatäpfel halbieren, die Hälften in eine Kartoffelpresse geben, den Saft über einem Sieb auspressen. Den Saft mit ½ TL Meersalz aufkochen und in 1 Std. unter gelegentlichem Rühren einkochen lassen.

2 Datteln längs halbieren, entsteinen, grob schneiden. Schalotten und Knoblauch schälen. Schalotten fein würfeln. 1 Knoblauchzehe grob hacken, die zweite Zehe anstoßen. Sonnenblumenöl erhitzen, die Schalotten darin glasig dünsten, je 1 TL Meersalz und Zucker zugeben. Gehackten Knoblauch und 1 TL Kurkumapulver zugeben, 10 Sek. mitdünsten. Linsen abtropfen lassen, zugeben und unter Rühren 1 Min. andünsten. 1¼ l Wasser zugießen, die Linsen abgedeckt 1½ Std. köcheln lassen, bis sie weich sind und noch Biss haben. Dabei öfter umrühren. Linsen abgießen, auf einem Backblech abkühlen lassen.

3 Rapa waschen, trocken schütteln, die dicken Strunkenden abschneiden. Die Stiele von den Blättern trennen und schräg schneiden. Die Blätter aufeinanderlegen, zu Rollen zusammendrehen, fein schneiden und beiseitestellen. Petersilie waschen, trocken schütteln und fein schneiden. Frischkäse mit Petersilie, 1 TL Meersalz, ½ TL Zucker, Muskat, Koriander, Kreuzkümmel und 1 Msp. Kurkumapulver vermischen. Nach und nach die Eigelbe unterschlagen. Die Masse 15 Min. ruhen lassen.

4 Salzwasser aufkochen lassen. Olivenöl erhitzen, Rapastiele und gestoßenen Knoblauch darin unter Rühren 2 Min. andünsten. Brühe zugießen, Rapablätter zugeben, mit Meersalz, Zucker und Pfeffer würzen und 1 Min. dünsten. Sahne erhitzen, Linsen und Datteln zugeben und die Sahne unter Rühren bei geringer Hitze einkochen lassen, bis die Linsen einen schönen Glanz und Festigkeit haben. Die Frühlingszwiebeln putzen, waschen, in feine Ringe schneiden und unter die Linsen mischen. Mit Meersalz, Pfeffer und Essig abschmecken.

5 Von der Frischkäsemasse mit zwei Esslöffeln Nocken abstechen, die Nocken im siedenden Wasser 5–8 Min. ziehen lassen. Limette waschen, trocken reiben und in 6 Stücke schneiden. Die Linsen in die Mitte der Teller geben, den Rapa auf die Linsen setzen. Die Nocken aus dem Wasser heben, sofort auf dem Rapa anrichten. Mit dem Granatapfelsirup außenherum Kreise ziehen. Mit Limettenviertel und Fladenbrot servieren.

FÜR 6 PERSONEN

500 g Frischkäse (Rezept Seite 134; oder Fertigprodukt)

250 g Linsen (z. B. du Puys, Adas oder Beluga-Linsen)

3 Granatäpfel

feines Meersalz

50 g getrocknete, glasierte Datteln

2 Schalotten

2 Knoblauchzehen

1 EL Sonnenblumenöl

Zucker

Kurkumapulver

350 g junger Rapa (oder Mangold)

½ Bund glatte Petersilie

frisch geriebene Muskatnuss

1 TL gemahlener Koriander

½ TL gemahlener Kreuzkümmel

6 Eigelbe

1 EL Olivenöl (oder Butter)

150 ml Gemüsebrühe (Rezept Seite 30)

Pfeffer aus der Mühle

100 g Sahne

2 Frühlingszwiebeln

1 TL Sherryessig (oder fruchtiger Essig)

1 ungespritzte Limette (oder 1 TL fein gehackte Salzzitronenschale, Rezept Seite 36)

Bei Linsen unterscheidet man zwischen fest kochenden und weich kochenden. Fest kochende Sorten sind »du Puys« oder »Beluga-Linsen«. Zu den weich kochenden Sorten gehören rote und braune Linsen. Sogenannte gelbe Linsen wie »Lapeh« sind geschälte Kichererbsen.

Rapa ist ein Blattgemüse, das manchmal etwas an den Geschmack von Meerrettich erinnert.

INFO

4. HAUPTGERICHTE
→ Vegetarische Gerichte

Zucchinicurry

mit Limettenreis → *gelingt leicht*

1 Den Reis in einem Sieb gründlich abspülen. 450 ml Wasser in einen Topf geben, den Reis dazugeben und erhitzen. Sobald das Wasser zu kochen beginnt, den Reis zugedeckt bei geringer Hitze 15 Min. köcheln lassen. Den Topf vom Herd nehmen, den Reis bis zum Anrichten quellen lassen.

2 Inzwischen die Frühlingszwiebeln putzen, waschen und schräg in 2 cm lange Stücke schneiden. Die Zuckerschoten waschen, putzen und ebenfalls in 2 cm lange Stücke schneiden. Beides mit Meersalz und Zucker verrühren und beiseitestellen. Koriandergrün und -wurzeln waschen und trocken schütteln, beides grob schneiden. Den Ingwer schälen und fein in eine Schüssel reiben. Die Chilischote längs halbieren, putzen, waschen, fein hacken und zum Ingwer geben. Beides mit Limettenschale und Limettensaft, Sesamöl und Sojasauce verrühren.

3 Die Zwiebel schälen und fein würfeln. Die Zucchini putzen, waschen, der Länge nach halbieren und in 2 cm große Stücke schneiden. Den Kohlrabi putzen, schälen und in grobe Würfel schneiden. Das Kokosöl in einem flachen Topf erhitzen, die Zwiebel darin 1 Min. anschwitzen. Die Kohlrabiwürfel dazugeben und unter Rühren 1 Min. anbraten. Die Currypaste hinzufügen und kurz mitbraten. Fischsauce und Zucchiniwürfel dazugeben und unterheben. Die Kokosmilch dazugießen, aufkochen und 8 Min. köcheln lassen, dabei gelegentlich umrühren.

4 Zum Servieren je 1 Kelle Reis in die Mitte der Teller geben. Die Frühlingszwiebel-Zuckerschoten-Mischung ohne Flüssigkeit um den Reis verteilen. Die Ingwer-Chili-Mischung über dem Reis verteilen. Das Zucchinigemüse dazugeben und mit Koriandergrün bestreuen.

FÜR 4 PERSONEN

300 g Duftreis
4 Frühlingszwiebeln
100 g Zuckerschoten
½ TL feines Meersalz
½ TL Zucker
½ Bund Koriandergrün mit Wurzeln
1 Stück frischer Ingwer *(ca. 1 cm)*
1 kleine rote Chilischote
Saft und Schale von ½ ungespritzten Limette
2 TL dunkles Sesamöl
1 EL Sojasauce
1 Zwiebel
400 g Zucchini
200 g Kohlrabi
½ EL Kokosöl *(oder Sonnenblumenöl)*
1 EL rote Currypaste *(ohne Geschmacksverstärker)*
1–2 TL Fisch- oder Austernsauce
300 ml Kokosmilch

✱ Tipp *Koriandergrün immer mit Wurzeln kaufen, da diese viel mehr Aroma hat. Die Wurzel schmeckt gut in Suppen und Brühen. Dafür die Korianderwurzel waschen und fein schneiden.*

Butter und Wurst müssen nicht ständige Begleiter von Brot und Brötchen sein. Streichen Sie zur Abwechslung mal einen fein-würzigen Aufstrich auf Ihr Lieblingsbrot. Und wenn der Snack gehaltvoller sein darf, bietet die internationale Küche Interessantes. Mit Burritos, Wraps und Panini haben Sie ein ganz besonderes Geschmackserlebnis.

5. SNACKS

Selbst gemachter Frischkäse → *gelingt leicht*

1 Die Milch in einen Topf geben, Limettensaft und Meersalz dazugeben und langsam auf ca. 80 °C aufkochen. Wenn die Milch zu stocken beginnt, den Topf vom Herd nehmen und 15 Min. ruhen lassen. Die Mischung in ein Sieb geben und über Nacht abtropfen lassen.

2 Die Kräuter waschen und trocken schütteln, Petersilien- und Estragonblätter fein schneiden. Den Schnittlauch in Röllchen schneiden. Die Kräuter kurz vor dem Servieren unter den Frischkäse rühren.

FÜR 500 G FRISCHKÄSE

1,2 l Vollmilch
(3,5 % Fett)
3 EL Limettensaft
½ TL feines Meersalz
Kräuter
(z. B. Schnittlauch, glatte Petersilie oder Estragon)

✱ Tipp *Ein guter Trick, damit die Milch im Topf nicht anbrennt: Man gibt einen kleinen Schuss Wasser in den Topf, bringt ihn zum Kochen und gibt dann erst die Milch dazu. Dieser Frischkäse ist feiner und weicher als der »normale«, mit Lab hergestellte.*

Hummus → *braucht Zeit*

1 Die Kichererbsen in kaltem Wasser über Nacht einweichen. Am nächsten Tag die Kichererbsen mit kaltem Wasser aufkochen und 20–30 Min. kochen lassen, bis sie gar sind. Die Kichererbsen abgießen, dabei das Kochwasser auffangen und beiseitestellen.

2 Den Knoblauch schälen und halbieren. Die Kichererbsen und 2–3 EL Kochwasser im Mixer pürieren, bis eine feste Masse entsteht, die am Löffel haften bleibt. Den Knoblauch, die Sesampaste und das Olivenöl untermixen. Hummus mit Meersalz, Pfeffer und Limettensaft abschmecken. Der Aufstrich passt gut zu Fladenbrot oder Baguette.

FÜR 500 G AUFSTRICH

400 g getrocknete Kichererbsen *(ersatzweise aus der Dose)*

1 Knoblauchzehe

4 EL Sesampaste *(Tahini)*

3 EL Extra-Virgin-Olivenöl

1 TL feines Meersalz

schwarzer Pfeffer

frisch gepresster Saft von ½ Limette

✱ **Tipp** *Wenn nötig, den grünen Keimling im Inneren der Knoblauchzehe entfernen, denn er gibt dem Aufstrich einen unangenehmen Nachgeschmack.*

Tomatenaufstrich → *gelingt leicht*

1 Die getrockneten Tomaten 3–4 Min. in kaltes Wasser legen. Die Kapern abtropfen lassen. Die Tomaten herausnehmen, mit Küchenpapier trocken tupfen und in grobe Stücke schneiden. Die Tomaten mit Kapern, Parmesan, Senf und Olivenöl im Mixer oder mit dem Pürierstab zu einer homogenen Masse pürieren.

FÜR 250 G AUFSTRICH
200 g getrocknete Tomaten
1 EL Kapern
3 EL frisch geriebener Parmesan
1 TL scharfer Senf
1–2 EL Olivenöl

✱ Tipp *Der Aufstrich ist im Prinzip ein »Pesto rosso« und geschmacklich sehr intensiv, man braucht gar nicht viel davon. Dazu passt gut geröstetes Graubrot, Ciabatta oder Focaccia.*

»Die wichtigste Regel beim Brotemachen ist für mich: Schluss mit Butter! Ich konnte noch nie verstehen, warum man unter die Wurst Fett schmiert. Butter erschlägt die feinen Aromen von Holz, Gewürzen und Kräutern in Wurst und Schinken. Viel besser schmeckt es, wenn man unter Salami, Schinken und Käse säurehaltige oder pikante Aufstriche wie beispielsweise Senf streicht.«

Auberginenaufstrich → *gelingt leicht*

1 Den Backofen auf 200 °C (Umluft 180 °C) vorheizen. Die Auberginen waschen, putzen und auf ein Backblech legen. Im Backofen (oben) 30–45 Min. rösten, bis das Fleisch am Strunk weich ist. Die Auberginen zum Abkühlen auf Teller legen. Ein Sieb mit einem Passiertuch, Kaffeefilter oder drei Blättern Küchenpapier auskleiden. Die Schale entfernen, das Fruchtfleisch samt Samen mit einem Löffel herauskratzen und im Sieb abgedeckt 1 Std. kaltstellen und abtropfen lassen.

2 Die Orange auspressen. Den Ahornsirup mit dem Orangensaft in einem kleinen Topf langsam erhitzen, bis der Orangensaft verkocht ist und der Ahornsirup zu karamellisieren beginnt. Den Topf vom Herd nehmen, einen Metalllöffel hineinstecken und einen Moment abkühlen lassen. Den Balsamico einlaufen lassen, mit dem Löffel den Karamell bei mittlerer Hitze auflösen und zu einem Sirup einkochen lassen.

3 In einer großen Schüssel das Auberginenfleisch und den Sirup mit dem Schneebesen durchschlagen. Das Püree mithilfe einer Teigkarte durch ein feines Sieb streichen, damit die bitteren Kerne zurückbleiben. Den Auberginenaufstrich mit Meersalz, Pfeffer, Zitronensaft und Olivenöl abschmecken. Der Aufstrich (im Bild hinten auf Seite 136) passt gut zu Roggenbrot.

FÜR 400 G AUFSTRICH

3 große oder 6–7 mittelgroße oder 10 kleine längliche Auberginen

½ Orange

2 EL Ahornsirup (ersatzweise Honig)

4 EL Balsamico

feines Meersalz

schwarzer Pfeffer aus der Mühle

1 Spritzer Zitronensaft

1 EL Olivenöl

 Tipps *Achten Sie beim Einkauf darauf, dass sich die Auberginen für ihre Größe schwer anfühlen.*

Zum Rösten die Auberginen eventuell auf grobes Salz betten, damit sie gleichmäßiger und schneller rösten, ohne dass der Geschmack beeinflusst wird. Wer möchte, kann den Aufstrich am Ende statt mit Meersalz, Pfeffer, Zitronensaft und Olivenöl nur mit Tabasco würzen.

Bei manchen Züchtungen lässt sich das Kerngehäuse nach dem Rösten weich kochen, herausnehmen und als Auberginenkaviar mit Zitronensaft, Olivenöl und Meersalz zubereiten und als amuse-bouche servieren.

Avocadoaufstrich → *gelingt leicht*

1 Die Avocado der Länge nach durchschneiden, dabei das Messer um den Stein drehen. Beide Hälften vom Stein lösen und den Stein entfernen. Das Fruchtfleisch mit einem Löffel aus der Schale lösen.

2 Das Fruchtfleisch sofort mit Zitronensaft und Olivenöl im Mixer oder mit dem Pürierstab fein pürieren. Mit Meersalz, Zucker und Cayennepfeffer abschmecken. Der Aufstrich (im Bild Mitte auf Seite 136) passt gut zu dunklem, kräftigem Brot wie getoastetem Roggenbrot und Pumpernickel.

FÜR 4 PERSONEN
1 reife Avocado
1 TL Zitronensaft
½ EL Olivenöl
½ TL feines Meersalz
½ TL Zucker
½ TL Cayennepfeffer

✱ **Tipp** *Brotaufstriche, in kleine Boxen verpackt, sind perfekt fürs Picknick. Dann noch zwei Stangen Baguette, eine Flasche Wein, Wurst und Schinken, ein paar Tomaten, eine Gurke, ein Stück Hartkäse, Salz und Pfeffermühle in den Korb und raus geht's – ganz ohne Nudelsalat.*

Burritos → *braucht Zeit*

1 Für das Chili die Bohnen in ein Sieb gießen, kalt abspülen und abtropfen lassen. Zwiebel und Knoblauch schälen. Die Zwiebel fein würfeln. Den Knoblauch anstoßen. Die Chilischote halbieren, putzen, waschen und klein schneiden. 1 EL Olivenöl in einem großen flachen Topf erhitzen, die Zwiebel darin glasig dünsten. Den Knoblauch, ½ TL Meersalz, 1 TL Zucker, ½ TL Pfeffer, Kreuzkümmel, Koriander und Tomatenmark dazugeben und 1 Min. mitdünsten. Das Hackfleisch in den Topf geben und unter Rühren 3 Min. kräftig anbraten. Cayennepfeffer, Lorbeerblätter, Chilipulver und Tomaten mit Saft dazugeben und unterrühren. Mit je ½ TL Salz und Zucker sowie 1 Prise Pfeffer würzen. Das Chili bei mittlerer Hitze 45 Min. köcheln lassen, dabei mehrmals umrühren.

2 Das Koriandergrün waschen, trocken schütteln, die Blätter grob hacken und beiseitestellen. Die Frühlingszwiebeln putzen, waschen, der Länge nach halbieren, in feine Stücke schneiden und ebenfalls beiseitestellen.

3 Für die Guacamole die Limette auspressen. Die Avocado der Länge nach durchschneiden, dabei das Messer um den Stein drehen. Beide Hälften vom Stein lösen und den Stein entfernen. Das Fruchtfleisch mit einem Löffel aus den Schalen lösen und in eine Schüssel geben. Limettensaft und 1 EL Olivenöl dazugeben und mit einer Gabel zu einem groben Püree zerdrücken. Mit Meersalz, Pfeffer und Zucker abschmecken.

4 Für die Salsa Mexicana die rote Zwiebel schälen, in feine Würfel schneiden und mit dem Limettensaft, Zucker, 1 TL Meersalz und 1½ EL Olivenöl mischen. Die Tomaten waschen und die Stielansätze entfernen. Die Tomaten halbieren und die Hälften in feine Würfel schneiden. Die Tomatenwürfel mit der Vinaigrette und 1 EL gehacktem Koriandergrün mischen.

5 Den Eisbergsalat putzen, waschen, trocken schleudern und in feine Streifen schneiden. Die weichen Tortillafladen mit saurer Sahne bestreichen, die Salatstreifen darauf verteilen, Chili, Frühlingszwiebeln und das beiseitgestellte Koriandergrün daraufgeben, einen Klecks Guacamole und etwas Salsa Mexicana darübergeben und einrollen.

Tipp *Das Chili mit ca. 30 g bitterer Schokolade verfeinern.*

FÜR 6 PERSONEN

200 g rote oder schwarze Bohnen *(aus der Dose)*

1 Zwiebel

1 Knoblauchzehe

1 rote Chilischote

3½ EL Olivenöl

feines Meersalz, Zucker

schwarzer Pfeffer aus der Mühle

1 TL Kreuzkümmel, gemahlen

1 TL Koriandersamen, gemahlen

½ TL Tomatenmark

500 g Rinderhackfleisch

½ TL Cayennepfeffer

2 Lorbeerblätter

1 TL Chilipulver

250 g Tomaten *(aus der Dose)*

½ Bund Koriandergrün

3 Frühlingszwiebeln

1 Limette

2 reife Avocados

1 kleine rote Zwiebel

1 EL Limettensaft

250 g Tomaten

2 EL fein gehackter Koriander

1 Kopf Eisbergsalat *(ersatzweise Kopfsalat)*

6 Tortillafladen

150 g saure Sahne

Empanadillas
mit Rindfleischfüllung → *etwas aufwendiger*

1 Für die Füllung Zwiebel und Knoblauch schälen, beides in feine Würfel schneiden. Die Paprikaschote halbieren, putzen, waschen und ebenfalls in kleine Würfel schneiden. 5 EL Olivenöl in einer großen Pfanne erhitzen, das Rinderhackfleisch darin goldbraun braten. Das Fleisch auf eine Seite der Pfanne schieben, auf die andere Seite die Zwiebel und die Paprikaschote geben und 2–3 Min. anbraten. Knoblauch, Petersilie und Fenchelsaat dazugeben und alles 10 Min. kochen lassen. Tomatenmark und Paprikapulver einrühren und das Hackfleisch 5 Min. ziehen lassen. Mit Meersalz und Pfeffer abschmecken.

2 Für den Teig die Butter schmelzen lassen. Mit Mehl, Polenta, 4 EL Olivenöl, Wein, ½ TL Meersalz und Zucker in einer Schüssel verkneten. Den Teig auf die Arbeitsfläche geben und das warme Wasser unterkneten. Den Teig mit einem Tuch abdecken und 1 Std. ruhen lassen.

3 Den Backofen auf 220 °C (Umluft 200 °C) vorheizen. Die Arbeitsfläche mit Polenta bestäuben. Den Teig in 28 walnussgroße Stücke teilen und die Teigstücke dünn und rund ausrollen. Je 1 EL von der Füllung auf den Teig geben und die Empanadillas zusammenklappen, sodass ein Halbkreis entsteht. Die Teigränder mit einer Gabel zusammendrücken, damit die Pastete zusammenhält und ein schönes Muster entsteht. Die Empanadillas im Backofen (Mitte) 10–15 Min. backen, bis sie goldbraun sind.

FÜR 28 STÜCK

1 große Zwiebel
3 Knoblauchzehen
1 rote Paprikaschote
9 EL Olivenöl
500 g Rinderhackfleisch
2 EL grob gehackte Petersilie
1 TL Fenchelsaat
1 TL Tomatenmark
1 TL scharfes Paprikapulver
1 TL edelsüßes Paprikapulver
feines Meersalz
schwarzer Pfeffer aus der Mühle
50 g Butter
400 g doppelgriffiges Mehl
100 g Instant-Polenta
75 ml Weißwein
½ TL Zucker
3 EL warmes Wasser
2 EL Instant-Polenta für die Arbeitsfläche

INFO

Empanadillas sind kleine Pasteten aus Galizien. Dort werden sie entweder aus Brotteig oder Pastetenteig zubereitet. Ihre Größe macht sie zur perfekten Tapa oder Vorspeise.

Papaya-Panini
aus der Pfanne mit Gurken-Schale → *gelingt leicht*

1 Für die Gurken-Schale die Gurke waschen, auf der Gemüsereibe in dünne Scheiben hobeln und in eine Schale geben. Mit grobem Meersalz und Zucker gut vermengen und beiseitestellen.

2 Pita-Brote vorsichtig mit einem Brotmesser quer halbieren. Die Papaya mit dem Gemüseschäler schälen, dabei auch die grüne Schicht unter der Schale entfernen. Die Papaya der Länge nach halbieren und die Kerne mit einem Teelöffel entfernen (diese sind sehr scharf). Die Papayahälften in dünne, maximal 4 mm dicke Spalten schneiden.

3 Den Spinat waschen, verlesen und die groben Stiele entfernen. Den Spinat in Stücke zupfen oder grob schneiden. Die Walnusskerne hacken. Das Olivenöl in einer großen beschichteten Pfanne bei geringer Hitze erhitzen, 2 Pitahälften hineinlegen und mit der Hälfte der Semmelbrösel und Walnüsse bestreuen. Die Hälfte des Ziegenkäses zerbröckeln und darauf verteilen. Einige Papayaspalten, Basilikumblätter und den Spinat darauflegen. Mit feinem Meersalz und Pfeffer würzen.

4 Den restlichen Ziegenkäse, die übrigen Semmelbrösel und Walnüsse darübergeben und die Fladen mit den anderen beiden Hälften abdecken. Die Pita-Brote bei mittlerer Hitze 1–2 Min. weiterbraten, dabei mit dem Pfannenheber die Brote gut drücken. Die Pita-Brote wenden und ohne zusätzliches Öl ebenfalls unter Druck von der anderen Seite braten.

5 Für die Gurken-Schale den Apfel waschen, vierteln, entkernen und in Scheiben schneiden. Mit Gurke und eventuell mit Minze gut durchmischen (entstandenes Wasser nicht abgießen). Mit Essig, Sonnenblumenöl und Pfeffer abschmecken. Zum Anrichten die Panini halbieren oder in Viertel schneiden. Den Gurkensalat in kleinen Schälchen extra dazu reichen.

FÜR 2 PERSONEN
½ Salatgurke
½ TL grobes Meersalz
1 Prise Zucker
2 Vollkorn-Pita-Brote
1 reife Papaya
200 g junger Blattspinat
3 EL Walnusskerne
½ EL Olivenöl
1 EL Semmelbrösel
100 g Ziegenkäse
10 Basilikumblätter
feines Meersalz
schwarzer Pfeffer aus der Mühle
1 Apfel
(oder Birne)
evtl. einige Minzeblätter
½ EL Apfelessig
(ersatzweise weißer Sherry- oder Weinessig)
½ EL Sonnenblumenöl

 Tipp *Paninis und Gurkensalat lassen sich gut für unterwegs mitnehmen. Die Paninis dann in Alufolie wickeln und den Gurkensalat in eine gut verschließbare Kunststoffbox füllen.*

5. SNACKS

Poutine → *gelingt leicht*

1 Den Käse in keine Würfel schneiden. Die Bratensauce nach Packungsangabe zubereiten. Die Pommes frites auf einem Backblech verteilen und im vorgeheizten Backofen ebenfalls nach Packungsangabe zubereiten. Die Pommes aus dem Backofen nehmen und in einer Schüssel mit etwas Meersalz vermengen.

2 Die Pommes frites auf vorgewärmte Teller verteilen. Den Halloumi-Käse darübergeben und auf jeden Teller eine Kelle Bratensauce geben.

FÜR 6 PERSONEN
200 g Halloumi-Käse
200 ml Bratensauce
1 kg TK-Pommes frites
feines Meersalz

»Poutine ist ein Rezept aus Kanada – genauer gesagt ein Nationalgericht aus Quebec. In Quebec wird es mit ›Cheesecurds‹ zubereitet, einem Zwischenprodukt bei der Herstellung von Cheddar-Käse. Die europäische Variante ist mein einziges Junkfood-Rezept, bei dem ich Fertigprodukte wie Bratensauce und Pommes verwende. Ja, ich stehe zu diesem Rezept. Ich schäme mich deswegen nicht, vielleicht nur ein kleines bisschen. Übrigens bewirkt das Wintergericht Wunder bei einem Kater.«

Quesadilla
aus der Pfanne → *gelingt leicht*

1 Die getrockneten Tomaten grob hacken und den Käse zerbröckeln. Die Walnusskerne grob hacken. Den Rucola waschen, trocken schütteln und in grobe Stücke schneiden.

2 Pro Portion etwas Öl bei geringer Hitze in einer beschichteten Pfanne erwärmen, nicht zu heiß werden lassen. Je 1 Tortillafladen in die Pfanne geben, mit etwas Nüssen, Rucola, Oliven und Käse bestreuen. Einen zweiten Fladen darüberlegen, leicht andrücken und den unteren Fladen bei mittlerer Hitze goldbraun braten. Die Quesadilla mit einem Pfannenwender umdrehen und die Unterseite ebenfalls knusprig braten. Den fertigen Fladen auf ein Brett geben, mit Pfeffer übermahlen, wie eine Pizza in Segmente schneiden und sofort servieren. Die übrigen Fladen genauso zubereiten, bis alle Zutaten aufgebraucht sind.

FÜR 6 PERSONEN

50 g getrocknete Tomaten

150 g Fetakäse
(ersatzweise Ziegenfrischkäse oder Mozzarella)

2 EL Walnusskerne
(oder andere Nüsse)

50 g Rucola
(oder junger Blattspinat)

Öl zum Braten

12 weiche große Tortillafladen

1 EL grob gehackte schwarze Oliven

Pfeffer aus der Mühle

✱ Tipp *Dazu passt ein Tomatensalat mit einer einfachen Balsamico-Vinaigrette (Rezept Seite 40). Die Tomaten sollten dann nicht aus dem Kühlschrank kommen.*

Quesadilla ist eine Art heißer Sandwich, der nach Lust und Laune gefüllt werden kann, beispielsweise mit Mozzarella, Tomaten und Basilikum oder mit Ziegenkäse, Weintrauben und Rucola. Wichtig ist, dass Sie bei der Zubereitung zügig arbeiten. Das bedeutet, dass alle Zutaten und Geräte in Reichweite stehen und sämtliche Vorbereitungen abgeschlossen sind. Wir Köche sagen dann, die »mise en place« steht. **INFO**

Spareribs

mit Dattel-Dip → *braucht Zeit*

1 Die Spareribs abspülen, in einen großen Topf geben und mit kaltem Wasser auffüllen. Das Suppengrün waschen und putzen. Lorbeerblätter, Pfefferkörner, Essig und je 1 TL Meersalz und Zucker dazugeben und alles bei geringer Hitze 20 Min. leicht köcheln lassen.

2 Die Spareribs aus dem Sud nehmen und auf ein Backblech legen. Für die Marinade die Cola in einem Topf erhitzen und zur Hälfte einkochen lassen (reduzieren). 1 EL Tomatenmark, gemahlenen Koriander, Senf und passierte Tomaten dazugeben und in 1 Std. einkochen lassen.

3 Inzwischen für den Dattel-Dip das Apfelmus mit Datteln, 1 TL Tomatenmark, Orangensaft, Meersalz und Tabasco in einen Mixer geben und pürieren.

4 Die Limettenhälfte auspressen. Die Marinade mit Limettensaft, Worcestersauce und Tabasco abschmecken. Die Ribs damit bestreichen und 15 Min. marinieren lassen. Die marinierten Spareribs unter dem Backofengrill bei höchster Stufe 5–10 Min. grillen, bis sie schön braun sind. Die Ribs mit dem Dattel-Dip servieren.

FÜR 4 PERSONEN

2 kg Spareribs
1 Bund Suppengrün
2 Lorbeerblätter
10 Pfefferkörner
1 EL Weißweinessig
feines Meersalz
Zucker
100 ml Cola
1 EL + 1 TL Tomatenmark
Koriandersamen, gemahlen
1 TL scharfer Senf
1 Dose passierte Tomaten
(400 g Abtropfgewicht)
100 g Apfelmus
80 g getrocknete Datteln ohne Stein
1 TL Tomatenmark
2 EL frisch gepresster Orangensaft
2 Spritzer Tabasco
(oder 1 Msp. Chilipulver)
½ Limette
Worcestersauce
Tabasco

Tuna-Avocado-Wrap

mit Kartoffelcroûtons → *gelingt leicht*

1 Die Kartoffeln schälen und in ca. 1 cm große Würfel schneiden. Den Thunfisch gut abtropfen lassen. Die Zitronenhälfte waschen und trocken reiben, die Schale fein abreiben und die Zitronenhälfte auspressen. Olivenöl in einer großen beschichteten Pfanne erhitzen, die Kartoffelwürfel dazugeben und bei mittlerer Hitze unter ständigem Wenden braten, bis sie goldbraun und gar sind. Die Kartoffelcroûtons mit Meersalz, Pfeffer, Zitronenschale und Kümmel würzen.

2 Die Avocado der Länge nach durchschneiden, dabei das Messer um den Stein drehen. Beide Hälften vom Stein lösen und den Stein entfernen. Das Fruchtfleisch mit einem Löffel aus den Schalen lösen, in einen Mixer oder in eine Schüssel geben. Zitronensaft und Mayonnaise dazugeben und alles im Mixer, mit dem Pürierstab oder mit einer Gabel mischen. Mit Meersalz und Cayennepfeffer abschmecken.

3 Die Tomate waschen und den Stielansatz entfernen. Die Tomate halbieren, leicht ausdrücken, sodass ein Großteil der Kerne und der Saft abtropfen, und fein würfeln. Die Tortillafladen mit der Avocadomasse bestreichen, dabei an den Rändern etwa 2 cm freilassen. Die Kresse mit der Küchenschere vom Beet schneiden. Die Kresse, den zerpflückten Thunfisch und die Tomatenwürfel auf der Avocadomasse verteilen. Mit 1 Prise Meersalz und etwas schwarzem Pfeffer würzen.

4 Die Tortillas nun zusammenrollen. Die Wraps mit einem scharfen Messer schräg halbieren und mit den Kartoffelcroûtons zwischen den beiden Wraphälften anrichten.

FÜR 2 PERSONEN

2 mittelgroße Kartoffeln

1 Dose Thunfisch in Öl
(250–300 g Inhalt)

Saft und Schale einer ½ ungespritzten Zitrone

½ EL Olivenöl

feines Meersalz

schwarzer Pfeffer aus der Mühle

gemahlener Kümmel

1 Avocado

2 EL Mayonnaise

1 Prise Cayennepfeffer

1 Tomate

2 weiche Tortillafladen

1 Kästchen Gartenkresse
(ersatzweise Rucola, Brunnenkresse oder Rote-Bete-Sprossen)

INFO *Wichtig ist, dass Sie den Thunfisch von einem Bio-Hersteller kaufen, beispielsweise Fontaine oder Alberto. Er sollte aus der Hochseefischerei kommen und ein möglichst delfinfreundliches Produkt sein.*

»Die Wraps serviere ich gerne mit Kartoffelcroûtons als ›Sättigungsbeilage‹, sodass aus dem Snack eine Hauptmahlzeit wird.«

Das Beste kommt zum Schluss – mit ganz viel Schokolade, Nüssen und Früchten! Was wäre ein Espresso oder Cappuccino ohne Biscotti oder ein Stück Gâteau au Chocolat? Und: Wer stattdessen lieber ein geeistes Soufflé oder eine klassische Crème genüsslich löffeln möchte, der hat auf den nächsten Seiten die große Auswahl.

6. DESSERTS

6. DESSERTS

Biscotti
mit gerösteten Espressobohnen → *braucht Zeit*

1 Den Backofen auf 180 °C (Umluft 160 °C) vorheizen. Mandeln und Espressobohnen auf separate Backbleche streuen und im Backofen (Mitte) in 8–10 Min. leicht rösten. Die Mandeln und Espressobohnen herausnehmen und den Backofen anlassen. 3 EL Espressobohnen mit dem Messer oder im Mixer grob hacken. Die Mandeln im Mixer oder in einer Küchenmaschine fein hacken. Die restlichen Espressobohnen in einer Kaffeemühle fein mahlen.

2 In einer großen Schüssel das Mehl mit Backpulver und Meersalz vermischen. Die kalte Butter in kleine Stücke schneiden, dazugeben und mit dem Knethaken oder zwei Messern zerkleinern, bis sie aussieht wie grobes Schrotmehl. Die Eier leicht verquirlen. Das Backblech fetten.

3 Mandeln, gehackte Espressobohnen, Zucker, Eier und den abgekühlten Espresso hinzufügen und alles gut mischen. Den Teig auf einem leicht bemehlten Brett 2 Min. mit den Händen kneten und in zwei Hälften teilen. Aus den Teighälften 2 dünne Rollen von etwa 5 cm Durchmesser formen und mit den fein gemahlenen Espressobohnen bestäuben.

4 Die Teigrollen auf das Backblech legen und im Backofen (Mitte) 25 Min. backen, bis sie leicht gebräunt sind. Die Rollen herausnehmen, mit einem Sägemesser schräg in etwa 2 cm dicke Scheiben schneiden. Diese von beiden Seiten in 8–10 Min. backen, bis sie leicht goldbraun sind. Auf einem Kuchengitter abkühlen lassen und in einer Dose aufbewahren.

FÜR 50 STÜCK

300 g Mandeln
6 EL Espressobohnen
600 g Mehl
2 TL Backpulver
1 TL feines Meersalz
125 g kalte Butter
3 Eier
250 g Zucker
60 ml frisch gebrühter, etwas abgekühlter Espresso
Fett für das Backblech
Mehl für die Arbeitsfläche

✻ Tipp *Ein doppelter Espresso-Genuss: Biscotti mit gerösteten Espressobohnen und frisch gebrühtem Espresso. Diese leicht süßen Plätzchen halten sich lange in einer fest schließenden Dose und schmecken einen Tag nach dem Backen sogar noch besser.*

6. DESSERTS

Crème Caramel → *gelingt leicht*

1 Sahne und Milch in einen Topf geben. Die Vanilleschote längs aufschneiden und das Vanillemark mit einem Messer herauskratzen. Vanilleschote, Vanillemark, eventuell das Lorbeerblatt und 40 g Zucker in die Sahne-Milch-Mischung geben und aufkochen lassen. Die Mischung durch ein Sieb passieren und auf etwa 50 °C abkühlen lassen.

2 Den Backofen auf 150 °C vorheizen. Für das Wasserbad das tiefe Backblech mit etwas heißem Wasser füllen. Die abgekühlte Vanillesahne und die Eigelbe mit dem Pürierstab vermengen. Den restlichen Zucker in einer feuerfesten Pfanne oder einer flachen Reine vorsichtig karamellisieren lassen, bis er hellbraun ist.

3 Den Karamell in 4 kleine feuerfeste Formen geben. Die Eier-Sahne-Masse darübergießen, abgedeckt ins Wasserbad stellen und im Backofen (Mitte) 20–25 Min. (je nach Größe der Förmchen) garen, bis die Masse fest ist. Dabei beachten, dass die Crème in der heißen Form noch nachzieht. Durch leichtes Ruckeln prüfen, ob das Innere der Crème bereits gestockt ist. Wenn es gestockt ist, die Förmchen aus dem Wasserbad nehmen und abkühlen lassen. Die Crème eventuell mit einem Messer vom Rand lösen und zum Servieren auf Dessertteller stürzen.

FÜR 4 PERSONEN
150 g Sahne
50 ml Milch
1 Vanilleschote
evtl. 1 Lorbeerblatt
80 g Zucker
3 Eigelbe

Gâteu au Chocolat

et aux Amandes → *braucht Zeit*

1 Die Springform fetten. Die gehackten Mandeln in einer kleinen Pfanne ohne Fett leicht rösten. Ein Wasserbad vorbereiten. Die Butter mit der Schokolade in eine Metallschüssel geben, über dem Wasserbad erwärmen und zu einer homogenen Masse verrühren. Dabei darauf achten, dass weder Wasser noch Dampf in die Masse gelangen, sonst wird die Schokolade grießlig und ist nicht mehr zu gebrauchen!

2 Zucker und Eier mit den Rührbesen des Handrührgerätes oder der Küchenmaschine in 15–20 Min. sehr schaumig schlagen. Je schaumiger die Masse, umso lockerer wird der Kuchen. Die steife Ei-Zucker-Masse kühl stellen. Den Backofen auf 180 °C (Umluft 160 °C) vorheizen.

3 Die Butter-Schokoladen-Masse temperieren, das heißt vom Wasserbad nehmen und 5 Min. rühren, bis die Masse Zimmertemperatur hat (evtl. mit der Unterlippe testen, ob die Schokolade kühl genug ist). Die Ei-Zucker-Masse und die gemahlenen Mandeln unterheben. Die Masse in die Form füllen und die Form mit Alufolie abdecken. Im Backofen (Mitte) etwa 20 Min. backen. Herausnehmen, mit den gerösteten Mandeln bestreuen und abgedeckt in weiteren 20 Min. fertig backen.

FÜR EINE SPRINGFORM (30 CM Ø)

2 EL gehackte Mandeln
175 g Butter
175 g Blockschokolade
125 g feiner Zucker
4 Eier
100 g gemahlene Mandeln
Fett für die Form

»Ein Klassiker, der eigentlich ganz einfach herzustellen ist. Außerdem können Sie nach Geschmack und Vorlieben jede Nusssorte verwenden.«

Cheesecake → *braucht Zeit*

1 Den Backofen auf 160 °C (Umluft 140 °C) vorheizen. Den Boden der Form mit Backpapier belegen und den Rand einfetten. Die Kekse in einen Gefrierbeutel geben, den Beutel verschließen und die Kekse mit dem Nudelholz zerbröseln. Die Butter schmelzen lassen. Für den Boden Brösel und Butter gut durchmischen.

2 Die Biscotti-Butter-Mischung in die Form geben und auf dem Boden mit den Händen verteilen und etwas festdrücken. Die Form in den Kühlschrank stellen. 3 Schokoriegel in einer Metallschüssel über dem Wasserbad oder in einer Glasschüssel in der Mikrowelle bei 400 Watt in 30 Sek. schmelzen lassen, dabei die Masse öfter mit einer Gabel kurz durchrühren. Den restlichen Schokoriegel in kleine Würfel schneiden.

3 Den Frischkäse mit Zucker und Meersalz mit dem Handrührgerät 5 Min. schlagen, bis sich der Zucker gelöst hat. Nach und nach die Eier dazugeben, dabei nach jedem Ei 1 Min. schlagen, bis die Mischung schaumig wird.

4 Saure Sahne, Speisestärke, geschmolzene Schokoriegel und die Riegelstücke unter die Frischkäsemasse rühren. Die Käsemischung in die Springform geben und im Backofen (Mitte) etwa 45 Min. backen. Herausnehmen und in der Form abkühlen lassen.

FÜR EINE SPRINGFORM (30 CM Ø)

200 g Biscotti-Kekse *(ersatzweise Zwieback)*

120 g Butter

4 Schokoriegel *(nach Wahl)*

1 kg Frischkäse *(Doppelrahmstufe)*

150 g Zucker

1 Prise feines Meersalz

6 Eier

250 g saure Sahne

2 EL Speisestärke

Backpapier und Fett für die Form

Nougat-Soufflé

mit Birnen aus der Mikrowelle → *gelingt leicht*

1 Die Löffelbiskuits im Mixer fein zerkleinern oder in einen Gefrierbeutel geben. Den Beutel verschließen und die Löffelbiskuits mit dem Nudelholz fein zerbröseln. Eventuell die Brösel durchsieben, dann wird das Soufflé noch feiner.

2 Die Zitrone auspressen. Die Birnen waschen, längs halbieren, entkernen und die Birnenhälften quer in ca. ½ cm dicke Spalten schneiden. Die Spalten in einer Schüssel mit dem Zitronensaft vermischen und 5 Min. ziehen lassen. Den Honig in einer beschichteten Pfanne erhitzen. Die Birnenspalten samt Zitronensaft dazugeben und bei geringer Hitze unter vorsichtigem Rühren 3 Min. andünsten, bis sie leicht karamellisieren.

3 180 ml Birnensaft dazugeben und 5 Min. köcheln lassen. Die Speisestärke mit 1 EL Birnensaft glatt rühren und unter das Kompott rühren. Den Rosmarinzweig zum Kompott geben und alles 1 Min. köcheln lassen. Die Pfanne vom Herd nehmen. Vier Kaffeetassen mit Butter fetten und rundum mit Mehl bestäuben.

4 Die Eier trennen. Die Eiweiße mit 1 Prise Meersalz steif schlagen und den Eischnee kalt stellen. Die Eigelbe mit den Rührbesen des Handrührgerätes etwa 5 Min. schaumig schlagen. Die Nussnougatcreme in eine Glasschüssel geben und in der Mikrowelle bei 400 Watt erwärmen, dann unter Rühren in die Eigelbmasse einlaufen lassen. Die Biskuitbrösel dazugeben und beides unter die Eigelbmasse ziehen. Den Eischnee vorsichtig unterheben, nicht einrühren.

5 Die Masse in die Tassen füllen. Die Tassen in die Mikrowelle stellen und bei 800 Watt etwa 1 Min. backen. Die Soufflés herausnehmen und den Rand mit einem Messer lösen. Zum Anrichten das lauwarme Birnenkompott auf kleine Teller verteilen und die Soufflés daraufstürzen.

FÜR 4 PERSONEN

100 g Löffelbiskuits
(oder Biscotti)

½ Zitrone

2 Birnen

1 EL Honig
(oder Ahornsirup)

180 ml + 1 EL Birnensaft
(oder Apfelsaft)

½ TL Maisstärke

1 Zweig Rosmarin

3 Eier

1 Prise feines Meersalz

6 EL Nussnougatcreme

Butter für die Kaffeetassen

Mehl zum Bestäuben

Tipps *Jedes Mikrowellengerät ist anders, deshalb immer erst ein Soufflé vorbacken. Anstatt wie oben angegeben, können Sie die Soufflés auch erst 30 Sek. bei mittlerer Hitze vorbacken und bei höchster Garstufe fertig backen. Schöner sieht das Soufflé aus, wenn Sie Souffléförmchen, sogenannte Rammequins, verwenden.*

»Ein echter ›Klassiker‹, erfunden von meinem langjährigen Freund Robin. Mit diesem Klassiker können Sie Ihre Gäste auf einfachste Art und Weise begeistern und beeindrucken.«

6. DESSERTS

Mamas Rüblikuchen → *gelingt leicht*

1 Den Backofen auf 180 °C (Umluft auf 160 °C) vorheizen. Den Boden der Springform mit Backpapier auslegen, den Rand mit Butter fetten und mit Mehl bestäuben. Die Karotten putzen, schälen und nicht zu fein raspeln, damit nicht zu viel Wasser austritt.

2 Die Eier trennen. Die Eiweiße mit 1 Prise Meersalz steif schlagen und den Eischnee in den Kühlschrank stellen. Die Eigelbe und den Honig mit den Rührbesen des Handrührgerätes 8–10 Min. schaumig schlagen, bis die Masse weiß ist.

3 Die Karottenraspel mit Mandeln, Backpulver und Mehl vermengen und unter die Eigelb-Honig-Masse rühren. Den Eischnee dazugeben und vorsichtig unterheben. Den Teig in die Springform geben und im Backofen (Mitte) 45 Min. backen. Den Kuchen herausnehmen und auf einem Kuchengitter abkühlen lassen. Für den Guss den Frischkäse mit Honig schaumig schlagen und auf den abgekühlten Kuchen streichen.

FÜR EINE SPRINGFORM (30 CM Ø)

300 g Karotten
5 Eier
feines Meersalz
150 g Honig
300 g gemahlene Mandeln
1 TL Backpulver
1–2 TL Mehl
400 g Frischkäse
4 EL Honig
Backpapier, Butter und Mehl für die Form

✱ Tipps *Einfacher geht's nicht. Dieses Rezept ist unser Familienrezept und lässt sich leicht variieren. Sie können die Mandeln durch Walnüsse oder zu einem Drittel durch Kokosraspel ersetzen. Etwas abgeriebene Schale von 1 ungespritzten Zitrone oder geriebener Ingwer geben dem Kuchen eine besonders frische Note. Wer es aufwendiger haben möchte, verziert den Kuchen noch mit Marzipanrübchen vom Konditor.*

Papaya-Cobbler → *gelingt leicht*

1 Den Backofen auf 200 °C (Umluft 180 °C) vorheizen. Die Auflaufform mit Butter fetten. Die Papaya mit dem Gemüseschäler schälen, dabei auch die grüne Schicht unter der Schale entfernen. Die Papaya der Länge nach halbieren und mit einem Teelöffel die Kerne entfernen. (Diese sind sehr scharf!) Die Papayas in etwa 1 cm große Stücke schneiden und in einer Schüssel mit 1 EL Limettensaft gut mischen.

2 Das Gebäck grob zerbröseln. Mit Butter, Mehl, Honig, 1 EL Limettensaft und zwei Dritteln der Mandeln gut vermengen. Die Papayastückchen in die Form geben und verteilen. Die Keksmischung auf den Papayastückchen verteilen, mit Buttermilch bepinseln oder gleichmäßig besprenkeln. Im Backofen (Mitte) in 25 Min. goldbraun backen.

3 Sahne und Zimtpulver vermengen und steif schlagen. Die Cobbler herausnehmen und etwas abkühlen lassen. Zum Anrichten jeweils etwas Cobbler mit einem Tortenheber gleichmäßig in Champagnerschalen, kleine tiefe Teller oder Schüsselchen verteilen. Jeweils einen Klecks Sahne daraufgeben und mit den restlichen Mandeln bestreuen.

FÜR 6 PERSONEN

- 3 reife Papayas
- 2 EL frisch gepresster Limettensaft *(oder Zitronensaft)*
- 250 g Kokosmakronen, Spekulatius oder andere Weihnachtsplätzchen
- 2 EL Butter
- 3 EL Mehl
- 2 EL Honig *(oder Ahornsirup)*
- 75 g gehackte Mandeln
- 100 g Buttermilch *(oder Milch)*
- 250 g Sahne
- ½ TL Zimtpulver
- Butter für die Form

✱ Tipp *Ein winterliches Dessert mit einem Hauch Exotik zum Genießen. Für dieses Rezept können Sie übrig gebliebene Weihnachtsplätzchen schnell zu einem tollen Dessert verarbeiten.*

Marens Quarksoufflé
mit geeistem Basilikum-Pesto und Limoncello-Schaum → *braucht Zeit*

1 Den Quark in ein Sieb geben und mindestens 2 Std. abtropfen lassen. Inzwischen 6 Souffléförmchen bis zum oberen Rand mit flüssiger Butter fetten und mit Zucker ausstreuen. Die Eier trennen. Die Vanilleschote längs aufschneiden und das Mark herauskratzen. Den abgetropften Quark mit der Hälfte des Zuckers, Vanillemark, Eigelben und Zitronenschale verrühren, bis eine glatte Masse entsteht.

2 Den Backofen auf 180 °C vorheizen. Für das Wasserbad heißes Wasser in ein tiefes Backblech geben. Die Eiweiße mit dem restlichen Zucker und Salz steif schlagen, bis der Eischnee einen schönen Stand hat. Den Eischnee vorsichtig unter die Quarkmasse heben. Die Masse in die vorbereiteten Förmchen füllen und ins Wasserbad stellen. Im Backofen (Mitte) 15 Min. backen.

3 Für das Pesto das Basilikum waschen und trocken schütteln. Die Blätter abzupfen und mit Olivenöl, Pinienkernen und etwas Puderzucker im Mixer oder mit dem Pürierstab pürieren. Die Mischung durch ein feines Sieb streichen, auf einem Teller verteilen und 1 Std. ins Gefrierfach stellen.

4 Für den Limoncello-Schaum die Limetten auspressen (ergibt ca. 180 ml). Den Limettensaft mit Honig, 1 EL Puderzucker und Limoncello mit dem Pürierstab schaumig rühren. Zum Anrichten die Soufflés auf mittelgroße Teller stürzen. Das Pesto außenherum verteilen, einzelne Klekse Schaum auf die Teller geben.

FÜR 6 FÖRMCHEN
150 g Quark
3 Eier
½ Vanilleschote
60 g Zucker
etwas abgeriebene Schale von 1 ungespritzten Zitrone
1 Prise feines Meersalz
1 Bund Basilikum
150 ml Olivenöl
2 EL Pinienkerne
Puderzucker
6 Limetten
1 EL Honig
2 EL Limoncello *(Zitronenlikör)*
flüssige Butter und Zucker für die Förmchen

 Tipp *Vanillezucker können Sie ganz leicht selber herstellen. Nach dem Herauskratzen des Vanillemarks die leere Schote einfach in ein verschließbares Glas mit Zucker stecken. Der Zucker bekommt dann mit der Zeit ein schönes Vanillearoma.*

Schokoladen-Biscotti → *gelingt leicht*

1 Die Butter schmelzen und abkühlen lassen. Den Zucker und die zerlassene Butter in einer großen Schüssel verrühren. Likör, Whisky und Anissamen unterrühren. Erst die Eier, dann die Mandeln unter die Mischung rühren. Das Mehl durchsieben, mit Backpulver mischen und vorsichtig unter die Masse heben, bis alles gut vermengt ist. Den Teig mit Klarsichtfolie abdecken und 3 Std. kalt stellen.

2 Den Backofen auf 190 °C (Umluft 170 °C) vorheizen. Zwei Backbleche fetten. Den Teig in 3 gleich große Teile teilen, diese zu Laiben formen und die Laibe mit großzügigem Abstand auf die Backbleche setzen.

3 Im Backofen (Mitte) 20 Min. backen, bis die Laibe aufgegangen und goldgelb sind. Die Laibe herausnehmen, auf Handwärme abkühlen lassen und in ca. 1 cm dicke diagonale Scheiben schneiden. Die Scheiben mit der Schnittfläche auf die Bleche legen und im Backofen bei 190 °C weitere 15 Min. backen, bis sie goldgelb sind. Die Biscotti herausnehmen und abkühlen lassen.

4 Die Biscotti erst zum Servieren mit Schokoladenguss überziehen. Ein Wasserbad vorbereiten. Für die Glasur Schokoladenraspel und Pflanzenfett in eine Metallschüssel geben und unter ständigem Rühren über dem Wasserbad schmelzen lassen. Den Topf vom Herd nehmen und die Masse rühren, bis sie eine Temperatur von 30 °C hat. Die Kekse einzeln mit der Oberseite in die Schokoladenmasse tauchen, sofort umdrehen und mit der Unterseite auf Backpapier trocknen lassen.

FÜR 48 BISCOTTI

100 g Butter
250 g Zucker
2 EL Anislikör
1½ EL Malt Whisky
2 EL Anissamen
3 große Eier
100 g gehackte Mandeln
400 g Mehl
1½ TL Backpulver
350 g Schokoladenraspel, halbbitter
2 EL Pflanzenfett
Pflanzenfett für die Backbleche
Backpapier

Schokoladen-Cannelloni

mit Mangocreme und frischen Erdbeeren → *gelingt leicht*

1 Für die Schokoladen-Cannelloni Mehl, Kakaopulver, Eigelbe, Ei und Zucker in eine Schüssel geben und zu einem glatten Teig verarbeiten. Wenn der Teig zu trocken oder bröselig wird, etwas Wasser dazugeben. Den Teig mit Klarsichtfolie abdecken und 30 Min. kalt stellen.

2 Den Teig mithilfe einer Nudelmaschine oder mit dem Nudelholz so dünn wie möglich ausrollen und in 12 ca. 8–10 cm große Quadrate schneiden. Salzwasser in einem Topf aufkochen lassen. Die Teigquadrate darin ca. 1 Min. kochen lassen, mit einem Schaumlöffel herausnehmen, kalt abschrecken, auf der Arbeitsfläche auslegen und mit einem feuchten Tuch abdecken.

3 Für die Mangocreme ein Wasserbad vorbereiten. Die Gelatine in kaltem Wasser einweichen. Die Zitronenhälfte auspressen. Die Sahne steif schlagen und kalt stellen. Die Eigelbe mit Zucker und Zitronensaft in einer Metallschüssel über dem warmen Wasserbad schaumig schlagen. Die Schüssel aus dem Wasserbad nehmen und die Masse weiterschlagen, bis sie kalt ist. Die Gelatine ausdrücken, auflösen und vorsichtig unter ständigem Rühren dazugießen. Die Sahne und 100 g Mangopüree unterheben. Die Mangocreme kaltstellen, bis die Masse fest ist.

4 Die Erdbeeren waschen, putzen und je nach Größe halbieren oder vierteln. Die Mangos mit dem Sparschäler schälen. Das Fruchtfleisch an beiden Seiten am Stein entlang abschneiden. Die Fruchtstücke in Spalten schneiden. Die Creme in einen Spritzbeutel mit Sterntülle geben und auf die Teig-Quadrate spritzen. Die Quadrate zu Cannelloni rollen und kalt stellen. Zum Anrichten das restliche Mangopüree als Saucenspiegel auf Teller geben. Die Cannelloni daraufsetzen, Mangospalten und Erdbeeren dazulegen. Mit Minze garnieren.

FÜR 12 CANNELLONI

250 g Mehl
50 g Kakaopulver
3 Eigelbe
1 Ei
10 g Zucker
feines Meersalz
2 Blatt weiße Gelatine
½ Zitrone
150 g Sahne
2 Eigelbe
50 g Zucker
200 g Mangopüree *(Asia-Laden)*
150 g Erdbeeren
2 Mangos
Minzeblätter

Dank

Den folgenden Personen möchte ich meinen Dank aussprechen:
meinen Eltern für alles;
meinen Geschwistern für die Inspiration;
Manuela Ferling für ihr Vertrauen und der besten Crew der Welt.
Das sind die Leute, die mir den Rücken freihalten
und mit denen zu arbeiten einfach Spaß macht:
Maren, Patrick, Louis, Jan und Tung.

REZEPTEREGISTER

DESSERTS

Biscotti mit gerösteten Espressobohnen 153

Cheesecake 158

Crème Caramel 155

Gâteau au Chocolat et aux Amandes 157

Mamas Rüblikuchen 161

Marens Quarksoufflé mit geeistem Basilikum-Pesto und Limoncello-Schaum 165

Nougat-Soufflé mit Birnen aus der Mikrowelle 159

Papaya-Cobbler 163

Schokoladen-Biscotti 167

Schokoladen-Cannelloni mit Mangocreme und frischen Erdbeeren 169

FISCHGERICHTE

Bananen-Lachs-Pizza 109

Gebratenes Zanderfilet mit Kartoffelkuchen, Spinat und Senf-Dill-Sauce 115

Lachs mit Fenchelsalat und Majoransauce 120

Lachsrücken mit Chop Suey, Räucherspeck und Grapefruit-Rosmarin-Vinaigrette 111

Mary's Tagliatelle mit Wodka-Sauce rosé und Meeresfrüchten 123

Olivenöl-Confit vom Wildlachs, Paprika, Chorizo und Kräutersalat mit Kartoffelchips 117

Pochierter Seeteufel mit Kartoffelcroûtons und Meerrettich-Crème-Fraîche 113

Rare Tuna, Beluga-Linsen-Salat und Choy-Gemüse 119

Weißer Heilbutt, grüner Spargel mit Portobello, Paprika-Sauce und jungen Karotten 121

FLEISCHGERICHTE

Asiatische Hackbällchen in Glasnudeln mit Chinakohl 91

Asiatisches Fondue mit Brühe 85

Chicken-Tandoori mit Mangold, Bulgur und Aprikosen-Tomaten-Chutney 89

Das beste Schnitzel der Welt mit Kartoffelstücken und Gurkensalat 95

Green Papaya Salad mit Maispoularde 93

Lackierte Entenbrust mit Mangold, Semmelknödel und Portweinsauce 101

REZEPTEREGISTER

Lammcarré mit Auberginen-Ratatouille, Schoko-Chili-Sauce 103

Pichelsteiner »Osso Buco« mit Wurzel- und Blattgemüse 104

Rosa gebratenes Schweinefilet mit Quitten, glasiertem Treviso und Schwarzwurzel-Chips 107

Saltimbocca mit Spinat und Hokkaido-Pfifferling-Salsa 105

Schweinefilet mit Wok-Gemüse und Currysauce 97

Schweinelendchen mit Chinakohl 99

Tandoori-Buttermilch-Lammcarré mit Morcheln und Salat von roten Linsen 86

GRUNDREZEPTE

Asiatische Vinaigrette 39

Balsamico-Vinaigrette 40

Blaubeer-Vinaigrette 41

Braune Hühnerbrühe 32

Gemüsebrühe 30

Gesalzene Zitronenschale 36

Harissa 35

Hühnerbouillon 31

Kimchi 38

Knoblauchpaste 34

Pinienkern-Vinaigrette 40

Rinderbouillon 33

Salsa Verde 34

Schnelle Zitronensauce 36

Togarashi 39

Würzpaste für Fleisch und Fisch 37

Zitronen-Vinaigrette 41

SNACKS

Auberginenaufstrich 138

Avocadoaufstrich 139

Burritos 140

Empanadillas mit Rindfleischfüllung 141

Hummus 135

Papaya-Panini aus der Pfanne mit Gurken-Schale 142

Poutine 143

Quesadilla aus der Pfanne 145

Selbst gemachter Frischkäse 134

Spareribs mit Dattel-Dip 147

Tomatenaufstrich 137

Tuna-Avocado-Wrap mit Kartoffelcroûtons 149

REZEPTEREGISTER

SUPPEN

Ajo Verde – kalte Spanische Suppe 45

Beste Gemüsesuppe der Welt 51

Gazpacho 47

Kalte Avocado-Suppe 46

Karotten-Blutorangen-Suppe mit Winterpesto 55

Tomaten-Papaya-Suppe mit Vanilleschaum 53

Zucchinisuppe mit geröstetem Paprika, Pfifferlingen und Safran 49

VEGETARISCHES

Kartoffel-Kürbis-Ravioli mit Zitronennussbutter, Parmesan und Rucola 129

Martini-Risotto mit Minze und Feigen 125

Petersiliennocken mit Linsenkompott, Datteln, Rapa und Granatapfelsirup 130

Spaghetti mit Schafskäse und Oliven 127

Zucchinicurry mit Limettenreis 131

VORSPEISEN

Artischocken-Kartoffel-Salat mit Harissa 57

Ausgebackene Zucchini mit Feta und Dill 56

Carpaccio mit Grapefruit, Spargelsalat und Minze-Vinaigrette 77

Caesar Salad 59

Feigen mit Prosciutto, Minze und Büffelmozzarella 67

Gebackene Äpfel mit Ziegenfrischkäse 69

Gratinierte Avocado mit Blattsalat 71

Linguine mit Muscheln und Spargel 78

Mariniertes Rindfleisch mit Bockshornklee und Hummus 79

Muscheln mit weißen Bohnen und Safran 79

Salat »ohne« Minze mit Makrele 61

Salat von gebratenen Garnelen und Papaya mit Buttermilch-Avocado-Dressing 63

Tatar aus der Pfanne mit Chimi-Churi 73

Tom-Yum-Consommé mit gebratenen Gambas 81

Wintersalat mit Ziegenfrischkäse, Granatäpfeln und Walnüssen 65

Zucchini-Auberginen-Salat mit Charmoula, Hühnchen und Pita 75

SACHREGISTER

Backbleche 21

Bioprodukte 25

Equipement 17

Filetiermesser 18

Fischgrätenzange 25

Fischpalette 19

Flotte Lotte 25

Gemüsehobel 22

Gemüsemesser 18

Geschmack 28

Geschmacksrichtungen 28

Geschmacksuhr 29

Hackebeil 24

Holzkochlöffel 19

Kochzange 24

Küchenmesser 18

Lebensmittelqualität 26

Mörser 24

Organisation 17

Passiertücher 25

Pfannen 20

Planung 17

Pürierstab 22

Reiben 22

Salatschleuder 23

Schneebesen 19

Schneidbretter 23

Schöpfkellen 19

Schraubgläser 23

Schüsseln 21

Siebe 20

Sparschäler 19

Teigschaber 19

Töpfe 20

Zitruspresse 22

Preis: 24,90 €
ISBN 978-3-936994-99-5

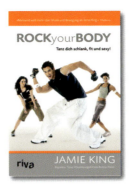

Preis: 16,90 €
ISBN 978-3-936994-76-6

Preis: 19,90 €
ISBN 978-3-936994-36-0

Preis: 18,90 €
ISBN 978-3-936994-80-3

Preis: 19,90 €
ISBN 978-3-936994-56-8

Preis: 19,90 €
ISBN 978-3-936994-55-1

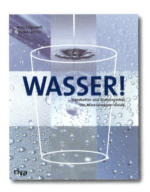

Preis: 22,00 €
ISBN 978-3-936994-14-8

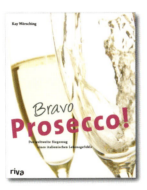

Preis: 22,00 €
ISBN 978-3-936994-12-4

Preis: 19,90 €
ISBN 978-3-936994-75-9

riva

Wenn Sie **Interesse** an **unseren Büchern** haben,

z. B. als Geschenk für Ihre Kundenbindungsprojekte, fordern Sie unsere attraktiven Sonderkonditionen an.

Weitere Informationen erhalten Sie bei Sebastian Scharf unter +49 89 651285-154

oder schreiben Sie uns per E-Mail an:
sscharf@finanzbuchverlag.de

riva